KB036271

생활협동조합과 커뮤니티

일러두기

1. 이 책은 2008년 일본경제평론사가 발행한 『生協と地域コミュニティ: 協同のネット ワーク』 제1쇄를 완역한 것이다.
2. 직역을 우선으로 했으며, 독자들의 내용 이해를 위해 필요한 경우에 의역을 했다.
3. 미주는 모두 지은이가 쓴 것이며, 본문의 각주는 옮긴이의 것이다.

이 도서의 국립중앙도서관 출판시도서목록(CIP)은 서지정보유통지원시스템 홈페이지(http://seoji.nl.go.kr)와 국가 자료공동목록시스템(http://www.nl.go.kr/kolisnet)에서 이용하실 수 있습니다. (CIP제어번호: CIP2014035144)

생활협동조합과 커뮤니티

협동의 네트워크

오카무라 노부히데 지음
충남발전연구원 옮김

한울
아카데미

| 차례 |

발간사

　기초연금제도 시행, 공무원연금 개혁, 무상급식 논란······. 지금 우리 사회는 사회보장제도를 둘러싸고 심한 홍역을 앓고 있다. 이는 한정된 재원의 배분을 둘러싼 사회적 갈등에서 비롯된다고 할 수 있다. 당연한 말이겠지만 높은 수준의 사회보장제도를 누리기 위해서는 높은 수준의 세금을 감내해야 한다. 그러나 저출산에 따른 급격한 인구 감소, 평균수명의 연장에 따른 고령화라는 우리 사회가 경험하지 못한 사회구조의 변화 속에서 '높은 세금'이라는 처방전은 모두의 합의를 이끌어내기 어렵다. 그러므로 기존의 제도권 사회보장이 아닌 새로운 길을 모색해야 할 시점에 와 있다고 생각한다.

　이 책은 새로운 길에 대한 시사점을 준다. 저자는 히로시마생활협동조합연합회 대표이사회장(집필 당시 전무이사)인 오카무라 노부히데(岡村信秀)로, 구매생협의 전망에 대해 5년여에 걸쳐 조사하고 집필한

박사논문을 새롭게 정리하여 엮은 책이다. 저자는 책에서, 생협은 후퇴일로를 걷고 있는 지역사회보장제도의 보완 역할을 감당할 수 있다고 주장한다.

이 책을 읽고 있는 독자들이 아는 것처럼, 일본의 생협은 1960년대 후반 일본 전국 각지에서 식품 안전에 불만을 품었던 전업주부를 중심으로 안전한 먹거리를 공동구매하는 협동 운동으로부터 시작한다. 초기에는 소규모였으나, 1970년대에서 1980년대에 걸쳐 폭발적으로 성장한다. 이 시기에는 조합원의 의견을 바탕으로 상품 제작, 산지 직거래 등이 적극적으로 추진되었고, 조직운영에서는 민주적 운영과 합의가 중시되어 생협은 '민주주의 학교'로까지 불렸다.

그러나 1980년대 후반부터 사업 규모가 확대되면서 하향식 조직운영이 이루어지기 시작하고, 업무가 분업화되면서 직원과 조합원 간의 소통이 약화되고 조합원의 의견이 반영되기 어려워졌다. 이러한 결과 1990년대를 정점으로 1인당 상품 이용액이 떨어지기 시작하면서 경영이 악화되었다. 지역사회 역시 지자체의 의료 및 복지 서비스가 크게 줄어들고, 육아와 노인 돌봄 등 '새로운 삶의 어려움(新たな生きにくさ)'이 나타났다.

이러한 '새로운 삶의 어려움'을 극복하기 위해 지역에는 다양한 협동조직들이 조직되었다. 이 책에서 소개하는 '이키이키이와미(いきいきいわみ)'의 경우가 그 한 예로, 지역사회의 중장년 여성들이 자발적으로 고령자들을 돌보는 협동조직이다.

이와 같이 새로운 삶의 어려움을 해결할 수 있는 조직은 협동조직이며, 나아가 협동조합 간의 연계라고 저자는 주장한다. 또한 역사적으로 생협이 1960년대 안전한 먹거리의 공동구매에서 시작한 것처럼, 이러한 문제는 지역사회와 밀접한 관계가 있는 생협의 과제라고 말한다. 그 증거로 새로운 협동조합 운동들이 생협과 연계하여 성과를 올리는 사례들을 책에서 소개함으로써 이를 뒷받침하고 있다.

이 책은 2008년에 출간되었다. 급변하는 시대, 이 책은 꽤나 오래된 이야기일지 모른다. 또한 성공한 사례들이 아직도 유효한지를 알아볼 필요도 있겠다. 그러나 무엇보다 이 책이 주는 시사점은 우리보다 높은 수준의 사회보장제도를 유지했던 일본 지역사회에서 일고 있는 협동의 노력들에 대한 깊은 탐색이 필요하다는 점과, 최근 거대조직으로 성장한 한국의 생협들이 적극적으로 지역사회의 작은 '협동조합'과 연계하여 한국 사회의 다양한 사회적 니즈(needs)를 풀어줄 수 있는 마중물이 되어야겠다는 점에 있다. 이러한 점을 곱씹어 행간을 읽는다면 지금도 여전히 독자들에게 많은 도움을 줄 수 있으리라 생각된다.

마지막으로, 이 책의 출판에 도움을 주신 도서출판 한울의 김종수 사장님과 번역을 책임진 송두범 충남사회적경제지원센터장과 박춘섭 책임연구원, 그리고 감수에 도움을 주신 아이쿱협동조합지원센터의 이은선 선생님께 감사의 말씀을 드린다.

2014년 12월

충남발전연구원장 강현수

한국어판 서문

2012년은 유엔이 정한 '세계 협동조합의 해'였다. 히로시마에서는 전국농업협동조합연합회(Japan Agricultural Cooperatives: JA), 생활협동조합(이하 생협), 워커즈코프(노동자협동조합) 등 23개 단체로 구성된 실행위원회를 발족했다. 그리고 'FEC(Food, Energy, Care) 자급권 만들기'와 원폭 피해 지역인 히로시마에서 활동하는 협동조합의 사명인 '전쟁도 핵무기도 없는 평화로운 세계' 만들기를 목표로 적극적으로 활동했다. 전국농업협동조합연합회와 생협 등 전통적인 협동조합(규모가 큰 협동·협동조합)과 워커즈코프 등 새로운 협동조합(작은 협동·협동조합)이 네트워크를 만들어, 생활과 생명 유지의 근원인 Food(음식·식료품), Energy(환경·재생에너지), Care(복지·의료)에 대한 지역 자급의 로드맵을 수립했다. 동시에 내가 속한 히로시마 현 생협연합회에서는 인간 존중의 생활 만들기·지역 만들기와 지역순환형 사회·경제

시스템의 형성을 목표로, '모두가 안심하고 살 수 있는 지속 가능한 커뮤니티의 재생'(2020년 비전)을 설정했다.

글로벌 경제의 침투에 따른 규제 완화와 경쟁 격화로 인해 지역경제는 피폐해졌으며 커뮤니티의 공동화가 발생했다. 시대는 지역사회의 지속 가능한 발전을 요청하고 있다. 이를 위해서는 지역 자원을 관리하고, 낭비와 환경 파괴를 최소화하여 '지역순환형 사회·경제 시스템'을 만들어야 한다.

FEC 중에서 에너지는 각국의 경제적 이해관계가 얽혀 있기 때문에 생명과 생물 다양성을 기초로 한 논의와 이해를 통한 지구적인 결단이 필요하다. 즉, 지역에서는 재생에너지의 도입을 촉진하는 한편, 국제사회에서는 지구온난화의 주요인인 화석연료에서 벗어나는 시스템을 구축해야 한다.

2014년 11월, '기후변화에 관한 정부 간 패널(Intergovernmental Panel on Climate Change: IPCC)'은 이대로 지구온난화가 진행되면 21세기 말까지 기온 변화를 따라잡지 못한 생물은 멸종위기에 처할 것이며, 곡물과 수산물 생산에도 큰 타격을 주어 식량안보가 위협받을 것이라고 지적했다. 최근 전 세계적으로 기록적인 폭염과 게릴라성 호우 등 기상이변이 잇따르면서 막대한 피해가 발생하고 있는데, 우리는 지금 생존의 위기에 직면했다고도 볼 수 있다.

2014년 8월 20일 새벽, 히로시마 현에서는 역사상 전례가 없었던 토사 재해로 74명의 희생자가 발생했다. 전문가에 따르면, 지구온난화 때문에 적란운이 연속 발생하는 '백빌딩(Back building)' 현상이 일어났고, 이로 인한 국지성 폭우가 쏟아지면서 순식간에 많은 생명과 주택이 삼켜졌다.

글로벌 경제 아래에서 이산화탄소를 대량으로 발생시키는 인간 및 기업 활동은 지구환경을 악화시켜왔는데, 이번에 그 역습을 받은 꼴이다. '지금'을 사는 우리는 '자연은 후손에게서 빌린 것'이라는 아메리칸 인디언의 격언처럼 지구환경을 회복시켜 후대에 계승시킬 책임이 있다.

이 책의 한국어판이 나오는 것을 큰 영광으로 생각한다. 향후 한국의 많은 사람과 교류하고, 한국과 일본에서 '모두가 안심하고 살 수 있는 지속 가능한 커뮤니티'가 많이 만들어지기를 희망한다. 함께 성장하고, 함께 일하고, 함께 살아가는 많은 사람이 행복감과 꿈, 희망을 느낄 수 있는 '공생 사회'를 만들어가길 바란다.

2014년 12월
히로시마 현 토사 재해 발생으로부터 4개월 후
오카무라 노부히데

서문

전후 일본은 공업화되면서 물질적으로는 풍요로워졌지만, 미나마타병,* 모리나가(森永) 비소 우유 사건,** 가네미유증(カネミ油症) 사건*** 등 공해 및 식품 관련 사건이 잇달아 발생했다. 그 후에도 식품첨가물 문제나 유전자조작 작물의 출현, 광우병 등 먹거리의 안전을 위협하는 여러 가지 문제가 발생했다.

2007년 6월에는 CO·OP 소고기 크로켓 제품의 원료가 (식육가공 회

---

* 짓소(窒素) 주식회사(신일본질소비료주식회사)가 메틸수은 화학물이 섞인 폐수를 바다에 방류하면서 발생한 공해병이다.
** 모리나가 유업에서 제조한 비소가 혼입된 분유를 먹은 영유아 중 다수가 사망하거나 중독된 사건이다.
*** 가네미 사에서 제조한 폴리염화비페닐(PCB) 등이 혼입된 식용유를 섭취한 사람들에게서 장애가 발생한 사건이다.

사 미트호프에 의해) 위조된 사건이 내부고발로 발각되었다. 이를 시작으로 홋카이도(北海道)의 시로이코이비토(白い恋人) 쿠키, 미에(三重)현의 아카후쿠모치(赤福餅) 등 유명 브랜드의 식품위조 사건이 연이어 발생했다. 더 큰 문제가 된 것은, 2008년 1월에 알려진 CO·OP 수제만두(중국제 냉동만두)에서 검출된 유기인계 화학살충제에 의한 중독사고였다. 이 사건은 인간의 건강과 생명을 위협하고 국민 생활의 기본인 먹거리의 안전을 근본적으로 뒤흔든 중대 사건이었다. 소고기 크로켓 원료 위조와 냉동만두 중독사고 모두 생협 상품과 관련된 것이었기에 전국의 생협 조합원(소비자)과 지역사회는 큰 충격과 불안에 빠졌다.

생협은 조합원의 의견을 반영하여 불필요한 첨가물을 빼고 농약을 적게 사용한 농산물을 공급하는 등 지속적으로 먹거리의 안전을 추구해왔기 때문에 조합원과 지역사회로부터 '신뢰'를 받았다. 그러나 계속되는 식품사고로 생협에 대한 신뢰는 크게 흔들렸다.

냉동만두 중독사고는 인건비가 싸고 원료 조달이 유리한 중국에 생산을 의존하면서 발생했다. 중국산 식품이 일본인의 식생활에 깊숙이 침투한 상황에서 이 같은 일에 대응하는 것은 결코 쉽지 않다. 그러나 먹거리 안전을 표방하는 생협은 조기에 신뢰를 회복하기 위해서라도 생산·가공·소비 전 단계에 걸쳐 위기관리체제의 재구축 및 품질관리체계의 근원적인 재검토를 철저히 시행해야 한다. 또한 자급률 향상을 기본으로 한 먹거리 안전 보장과 지속 가능한 농업 및 농촌의 재건을 위한 정책에서도 지금까지 이상의 적극성이 요구된다.

일련의 식품 원료 위조 사건과 식품 중독사고로, 기업윤리와 법령을 무시하는 방만한 경영, 수입 식품을 감시하는 검역체계의 부실, 중앙정부의 수직적 소비자 행정의 폐해 등 여러 문제가 부각되었다. 냉동식품과 농산물의 대부분을 해외에 의존하는 일본의 현실에서 두 번 다시 이런 사고가 일어나지 않도록 하기 위해서는, 사업자와 행정기관이 대책을 마련해야 함은 물론이고, 소비자도 자신의 소비행위를 스스로 검토해야 한다.

이 책은 구매생협의 전망에 대해 필자가 약 5년간 조사하고 분석한 것을 새롭게 정리하여 엮은 것이다. 필자는 전환기를 맞은 구매생협에 앞으로의 방향성과 그것을 실현할 수 있는 길을 제시하고, 향후 사업의 나침반을 제공하고자 하는 강한 의지를 가지고 연구를 시작했다.

지금의 일본은 저출산, 고령화, 인구 감소, 그리고 '빈곤과 양극화'라는, 과거에는 경험해본 적 없는 커다란 사회문제에 직면했다. 지역사회에서는 연금과 복지 등 사회보장제도가 후퇴하고 이웃 주민과의 관계가 약해져 '만약의 경우'에 대한 '불안'이 항상 따라다닌다.

사람들의 불안을 가라앉히고 안심시키는 방법은 '사람과 사람을 연결'하는 것인데, 그 역할을 담당해야 할 곳으로 생협을 지목하는 목소리가 많다. 지금까지 생협은 사람과 사람의 유대와 협동의 힘으로 먹거리, 물가, 환경 등 여러 영역에서 많은 기여를 해왔다. 지역주민들은 이러한 생협의 활동을 높이 평가하면서 기대를 담아 '생협이 더 애써주기를' 바라는 듯하다. 만약 이것이 사실이라면, 생협 내부에 있는 사람들이 더 자각해야 한다. 필자는 줄곧 이 부분을 염두에 두고 연구를 진행했고 이 책을 썼다. 이 책 전반에 흐르는 생각은 '생협은 진정 기대할 만한 조직인가?'라는 물음과 '생협은 그 기대에 부응할 만한 조직이다'라는 확신이다.

필자는 이 책을 통해 구매생협의 향후 방향성에 대한 지침을 제시하려고 했으나 분석과 표현의 미숙함으로 독자들에게 얼마나 전달될지 솔직히 걱정이다. 부디 끝까지 포기하지 말고 읽고 비판해주길 바란다.

/

구매생협의 현황과 과제

1. 구매생협의 과제와 해결 방안

일본은 1950년대 중반부터 1970년대 초에 고도경제성장기를 맞았다. 그 결과 대량생산과 대량소비의 사회·경제 시스템이 형성되고 촉진되면서 물자는 풍부해졌지만, 식품첨가물과 농약 등 다양한 화학 물질이 대량으로 사용되어 국민 건강에 악영향을 미쳤다.

1960년대 후반부터 1970년대에 걸쳐 전국 각지에서 식품 문제에 대해 불안을 품고 있던, 아이를 기르는 전업주부들을 중심으로 안전한 식품을 공동구입하는 새로운 협동 운동이 전개되었다. 초기 공동구입 사업은 상품의 가짓수가 한정된 소규모였지만, 시대의 필요에 따라 1970년대와 1980년대에 크게 성장했다. 이는 매장 사업이 침체하는 가운데 구매생협 전체를 성장시키는 역할을 했다. 즉, 시대적 요청이라고 할 수 있는 새로운 주체적·자발적 협동 운동인 공동구입이 등장하면서 구매생협*은 조직 면에서나 사업 면에서 커다란 전환기를 맞이했다.

이 시기에는 조합원의 의견을 토대로 상품 제작, 산지직거래 운동, 학습회 등이 적극적으로 이루어졌고, 협동 그리고 사람과 사람 간 유대가 형성되었다. 조직운영 면에서는 민주적 운영과 합의가 중시되고 조합원들도 성장하여, 생협은 '사회의 창', '민주주의 학교'라고 불렸다. 사업운영 면에서는 조합원 1인당 상품 이용액이 매년 증가해 경영구조가 크게 개선되었다. 이로써 주체인 조합원의 의견과 생활의 요구를 바탕으로 하는 생협 운동으로 발전했다. 조직운영과 사업운영이 일원화되었으며, 조합원과 직원은 하나였다. 생협 운동의 비약적 발전은 1990년대 초반까지 계속되었다.

그러나 1980년대 후반부터 1990년대 초에 걸쳐 사업 규모가 확대되면서 조직이 하향식으로 운영되었다. 조합원들은 '시켜서 하는 느낌'을 받기 시작했다. 사업운영 면에서는 업무가 분업화되고 직원과 조합원 사이의 소통이 약화되면서 조합원의 의견이 직원 조직에 전달되기 어려워졌다. 이러한 상황에서 '조합원 생활에 얼마나 도움이 되는지를 알려주는 척도'라고 할 수 있는 1인당 상품 이용액이 감소하기 시작했다. 경영환경은 1990년대 초를 정점으로 악화일로를 걸었다.

---

* 지역 내 소비자를 대상으로 식료품·일용품 등 공급 사업과 함께 공제 사업, 돌봄 사업, 문화 사업 등을 전개하는 생협을 일컫는다.

최근 회복의 징후가 보이기 시작했지만 아직 어려운 상황이다.

지역사회로 눈을 돌려보자. 지금 우리의 생활과 지역사회를 둘러싼 환경은 좋지 않다. 의료와 복지 등 사회보장제도가 후퇴하고 인간관계는 소원해졌으며, 육아지원이나 노인 돌봄 등 생활·복지 영역에서 '새로운 삶의 어려움(新たな生きにくさ)'[1]이 나타나고 있다. 새로운 삶의 어려움에 대한 대응은 구매생협 그리고 지역사회와 밀접한 관련이 있기 때문에 구매생협의 과제로 떠오르고 있다.

이처럼 구매생협은 안으로부터의 조직의 재생과 새로운 삶의 어려움에 대한 대응이라는 두 가지 중요한 과제를 안고 있다. 이 두 가지 과제를 동시에 해결하는 것은 어려운 일이며 일시적인 대책으로는 절대 해결할 수 없다. 즉, 구매생협은 다시금 거대한 전환기를 맞이하고 있으며, 지금까지 해온 활동의 연장선상에 있는 대책이 아닌 새로운 방향성을 요구받고 있다.

그런 가운데 농촌지역이나 구매생협 주변에 새로운 삶의 어려움에 대응하는 NPO법인, 워커즈* 등 다양한 협동조직이 생겨났다. 이런 새로운 협동·협동조합은 활동 영역이나 조직의 성격 면에서 '새로운 협동조합'[2]의 맹아를 느끼게 한다.

거대한 전환기를 맞고 있는 구매생협이 지향해야 할 새로운 방향에 대한 실마리는 이런 새로운 협동·협동조합과의 연계에 있는 것이 아

---

* 워커즈컬렉티브(Worker's Collective) 또는 워커즈코프(Worker's CO·OP)의 준말로 직원협동조합을 통칭한다.

닐까? 1960년대 후반부터 1970년대에 공동구입이 등장한 것처럼 시대 전환기에는 항상 새로운 주체적·자발적 운동이 나타나 시대를 움직이는 커다란 원동력으로 작용해왔다. 그리고 현재 새로운 협동조합의 성격을 보이는 새로운 협동·협동조합은 아직 시작 단계이긴 하지만 구매생협과 서로 연계하여 성과를 계속 올리고 있다. 따라서 구매생협의 두 가지 과제에 대한 해결의 실마리는 새로운 협동·협동조합의 형성과 발전, 그리고 구매생협과의 연계 속에서 찾아낼 수 있을 것이다.

이 책은 구매생협과 새로운 협동조합의 연계구조(관련구조)를 유형화하여 구매생협의 새로운 방향성을 고찰하는 것을 목적으로 한다.

2. 연구 과제와 조사 및 분석 방법

1) 연구 과제

(1) 새로운 협동조합의 형성과 배경

복지·교육·고용 등의 영역에서 새로운 삶의 어려움이 등장했던 다른 나라들에서는 이에 대한 대응으로 새로운 협동조합을 만들어 새로운 협동조합 운동을 전개했다.

일본에서도 NPO법인이나 워커즈와 같은 협동조합이 등장하고 새로운 협동조합의 맹아라 할 수 있는 새로운 협동·협동조합 운동이 각지에서 전개되고 있다. 이러한 협동조합의 새로운 움직임은 새로운 협동조합의 형성을 준비하고 있으며 지역 만들기나 구매생협 재생의 동력이 되고 있다. 이러한 맥락에서 새로운 협동조합의 형성과 배경에 대한 정리가 필요하다.

(2) 구매생협과 새로운 협동조합의 관련구조와 유형화

일본에서는 새로운 협동조합에 대한 문제의식이 낮으며, 구매생협과 새로운 협동조합의 관련에 대해서는 논의조차 이루어지지 않고 있다. 최근 들어 구매생협과 새로운 협동조합의 연관성을 평가하는 논의가 이루어지고 있지만 아직 소수에 불과하다. 둘 사이의 관련구조(關聯構造)를 정리하고 유형화하는 부분까지 논의된 적은 없다.

구매생협과 새로운 협동조합의 관련구조를 유형화하여 관련구조론을 발전시키는 것이 전환기를 맞은 구매생협의 중요한 과제이다.

(3) 새로운 협동조합을 포함한 21세기형 생협의 모색

새로운 삶의 어려움을 배경으로 생활·복지 영역을 담당하는 새로운 협동조합이 계속 출현하고 있지만, 새로운 삶의 어려움에 대한 대응 방안을 모색하는 것은 구매생협의 과제이기도 하다. 새로운 협동조합과 구매생협은 새로운 삶의 어려움에 대응하고 새로운 협동조합에서 배양된 새로운 에너지가 구매생협으로 흘러들어가 구매생협을 되살릴 가능성을 주는 관계를 맺는다. 21세기형 생협에는 구매생협과 새로운 협동조합의 관련, 그리고 지금까지 해왔던 구매 영역에 생활·복지 영역을 더하여 활동 영역을 전환하는 새로운 모색이 요구되고 있다.

2) 조사 및 분석 방법

앞의 세 개 과제에 대한 연구는 실증적 분석을 기본으로 하며, 다음의 내용을 바탕으로 수행했다.

① 새로운 협동조합의 형성과 배경에 대해서는 외국과 일본의 새로운 협동 · 협동조합에 대한 선행연구를 토대로 정리했다. 일본 사례로는 전통적 공동체가 쇠퇴하고 있는 농촌에서 등장한 새로운 협동조합의 맹아라 할 수 있는 '이키이키이와미(いきいきいわみ)'*의 활동을 실증적으로 분석했다.

② 구매생협과 새로운 협동조합의 관련구조와 유형화에 대해서는 세 가지 사례를 연구했다. 첫 번째 사례는 생협시마네의 '오타가이사마이즈모(おたがいさまいずも)'**이다. 오타가이사마이즈모는 조합원이 일상생활에서 겪는 어려움을 지원하는 활동을 주 영역으로 한다. 두 번째 사례는 생활클럽생협 도쿄와 워커즈컬렉티브 '와다치(轍)'***이다. 와다치는 현재 생활클럽생협의 개별공급(個配)을 위탁받는 활동을 하고 있다. 이 위탁 사업이 와다치 전체 사업고의 50% 이상을 차지한다. 세 번째 사례는 교리쓰샤(共立社) 쓰루오카(鶴岡)생협과 지역

---

* 이키이키(いきいき)는 '생기 있는, 생생한'이란 뜻의 형용사이고, 이와미(石見)는 과거 시마네(島根) 현 서부에 있었던 마을의 이름이다.

** 오타가이사마(おたがいさま)는 '피차일반, 피장파장'이라는 뜻이며, 이즈모(出雲)는 시마네 현 동부에 있는 시의 이름이다.

*** '바퀴 자국, 궤도, 노선, 진로' 등의 의미가 있다.

협동조합연합을 매개로 만들어진 쇼나이(庄內) 마을 만들기 협동조합 '니지(虹)'*이다. 지역협동조합연합은 본래 교리쓰샤 쓰루오카생협과 쇼나이의료생협 등을 중심으로 한 지역협동의 네트워크인데, 이를 매개로 새롭게 만들어진 것이 니지이다. 니지는 주로 지역 만들기와 생활·복지 영역의 활동을 한다.

앞에서 말한 세 개의 새로운 협동조직은 모두 새로운 협동조합적인 성격을 가지고 있지만 관련구조는 각각의 지역성이나 역사적 배경에 따라 다르다. 첫 번째 사례인 생협시마네와 오타가이사마이즈모와 같은 관계는 전국에서 가장 많이 찾아볼 수 있는 사례인데, 여기에서는 오타가이사마이즈모의 활동(등록지원자 설문조사 포함)을 중심으로 정리했다. 두 번째 사례인 생활클럽과 와다치, 세 번째 사례인 지역협동조합연합을 매개로 만들어진 니지는 새로운 협동조합이라는 관점에 비중을 두면서, 이들 조직과 관계된 구매생협의 활동도 함께 정리했다. 그리고 이 세 가지 사례 정리를 바탕으로 관련구조를 분명히 하여 유형화했다.

③ 새로운 협동조합을 포함한 21세기형 생협의 모색과 관련해서는 ②에서 말한 관련구조의 유형화를 토대로 시대의 요청이라 할 수 있는 생활·복지 영역에서의 협동과의 관련 속에서 그 방향성을 고찰했다.

---

* '무지개'라는 뜻이다.

3. 책의 구성

제1장에서는 구매생협의 문제점을 밝히고 몇 가지 선진적인 사례를 통해 재생 방향을 명확히 했다. 이 책의 중요한 주제는 구매생협과 새로운 협동조합의 관련구조를 분명히 하여 21세기 생협의 전망을 제시하는 것인데, 구매생협의 경영환경이 여전히 어렵기 때문에 전반부에서 재생 방향을 검토했다. 후반부에서는 외국의 새로운 협동조합 형성에 대해 정리하고 전통적 협동조합과 새로운 협동조합을 비교했다. 또한 일본의 구매생협과 새로운 협동조합의 관련에 대해서는 선행연구를 바탕으로 정리하고, 이 책의 과제를 명시했다.

제2장부터 제5장까지는 각 사례를 실증적으로 분석한다. 제2장에서는 새로운 협동조합의 사례로 협동조직 이키이키이와미를 살펴보았다. 이키이키이와미는 농촌의 전통적인 공동체가 쇠퇴하는 가운데 고령자 지킴이 활동과 생활지원을 주로 하며, 행정기관이나 자원봉사단체와 연계하는 등 지역 만들기 활동에서 중심 역할을 수행하고 있다.

제3장에서는 생협시마네에서 결성된 오타가이사마이즈모를 살펴본다. 오타가이사마이즈모는 전국의 생활서로돕기모임과 비슷한 활동, 즉 조합원이 일상생활에서 겪는 어려움을 지원하는 활동을 주로 한다. 이 장에서는 오타가이사마이즈모의 특징과, 오타가이사마이즈모에서 만들어진 새로운 협동 에너지가 어떻게 생협시마네로 흘러들어가 순환되는지, 그리고 두 조직이 어떻게 연계하는지에 대해 정리했다.

제4장에서는 삶을 살아가는 새로운 방식이자 새로운 노동방식으로

등장한 워커즈컬렉티브 와다치와 생활클럽생협 도쿄의 연계를 살펴
보았다. 와다치는 구매 사업 기능을 위탁받는 협동조직으로서 생활클
럽의 개별공급을 담당하는데, 이 사업이 와다치 전체 사업고의 50%이
상을 차지한다. 따라서 이 둘은 운명공동체적 협동관계라고 할 수 있
다. 일본 각지에서 아웃소싱(outsourcing)으로 진행되고 있는 공급 업
무는 사실 커뮤니케이션 노동으로서의 역할이 더 중요하다. 이런 의
미에서 워커즈는 아웃소싱에 대한 문제제기이자 새로운 대응 전략이
라고 할 수 있다. 이 책에서는 그 실태와 현장노동에서의 연계 등을 구
체적으로 살펴본다.

제5장에서는 교리쓰샤 쓰루오카생협을 중심으로 설립된 지역협동
의 네트워크 단체인 지역협동조합연합에서 탄생한 쇼나이 마을 만들
기 협동조합 니지의 활동을 살펴보았다. 니지는 개별 협동조합에서는
실현할 수 없는 요구를 연합의 다양한 자원과 종합적인 능력을 통해
신속히 대응할 수 있다는 특징이 있다. 제5장에서는 니지의 모체인 교
리쓰샤 쓰루오카생협의 역사와 니지의 활동, 두 조직 간 연계를 분석
한다.

마지막 장에서는 이 책에서 다루고 있는 새로운 협동조합의 성격을
가진 이키이키이와미, 오타가이사마이즈모, 워커즈컬렉티브 와다치,
쇼나이 마을 만들기 협동조합 니지의 특징을 재정리한다. 또한 제3장
부터 제5장까지의 실증 분석을 토대로, 이 책의 과제인 구매생협과 새
로운 협동조합의 관련구조의 유형화를 명확히 하여 새로운 협동조합
을 포함한 21세기형 생협의 전망에 대해 고찰한다.

제1장

/

구매생협과 새로운 협동조합

1. 일본형 생협의 형성과 구매생협

1) 일본형 생협의 형성과 발전

1960년대 후반부터 1980년대에 이른바 일본형 생협이 형성되었고 생협 운동 전체가 크게 발전했다. 이는 경제의 고도성장에 따른 소비자 문제가 표면화된 데 따른 것이다. 경제성장은 대량소비를 확산시키고 여러 가지 소비자 문제를 발생시켰다. 식품공해와 화학물질을 다량 사용한 식품에 대한 불안, 관리가격(管理價格)과 부당 표시의 횡행 등 소비자(시민)의 생활을 위협하는 일이 자주 일어났다.

이러한 상황에서, 우유 가격 인상 반대운동에서 탄생한 아파트 단지별 우유 공동구입, 저농약 생산운동 전개, 저첨가물 식품 취급 등 지역

주민의 요구와 밀접하게 연결된 '시민형 지역생협'이 각지에서 생겨났다. 시민형 지역생협은 도시에서 핵가족화가 진행되고 전업주부가 증가하는 가운데 여성들을 중심으로 발전했다. 이 과정에서 여성들은 협동관계를 형성하고 학습을 거듭했다. 생협은 '사회의 창', '민주주의의 학교'로 성장했고, 여기에서 새로운 협동 운동이 출현했다.

시민형 지역생협은 반(班)*을 기초로 공동구입 사업을 시작했고 조직과 사업을 일체화하여 일본의 생협 운동 발전에 크게 기여했다. 이러한 특징은 외국에서는 찾아볼 수 없어 '일본형 생협'[1]으로 불렸으며, 1992년 국제협동조합연맹(International Cooperative Alliance: ICA) 도쿄 대회를 통해 세계적으로 주목받았다.

2) 공동구입 사업의 형성과 발전 과정

1970년대 이후 일본 생협 운동의 특징은 우유, 세제, 식용유와 같은 코프** 상품을 비롯한 단품을 모아서 공동구입을 하는 방식이었다. 코프 상품을 이용하기 위해 반이 만들어지고 반모임이 이용의 기초단위가 되었다. 또한 반모임은 반장회(班長会), 운영위원회와 같은 조직운영(중간조직)의 기초단위로 역할하며, 상품 개발과 산지직거래 등을

---

* 3인 이상의 조합원이 모여 생협 상품을 이용하는 단위이다.
** cooperative의 준말로, 생협을 통칭한다. 코프와 생협은 의미상 차이가 없지만, 원전에 충실한 번역을 위해 코프로 표기한다.

통한 조합원의 참여를 보장했다.

1970년대 후반이 되면서 컴퓨터를 통한 시스템 개혁이 이루어져 일주일 단위 주문과 광학식 문자판독기(Optical Character Reader: OCR)의 도입으로 개인별 주문, 구입 대금의 통장 자동인출 등이 실현되면서 조합원의 부담이 한번에 줄어들었다. 다시 말해, 사람이 일일이 하던 수작업에서 컴퓨터시스템으로 바뀌면서 공동구입이 급속하게 확대될 수 있는 여건이 마련된 것이다. 그 결과, 매장 사업과 공동구입 사업의 매출 비율이 1987년에 역전되었고, 공동구입은 명실공히 매장 사업과 나란히 생협의 중심 사업으로 자리 잡았다. 이처럼 1980년대의 생협의 성장과 발전은 시민형 지역생협이라 불리는 공동구입 시스템에 의한 것이었다고 말할 수 있다.

다나카 히데키(田中秀樹)는 이러한 강력한 힘에 대해 "공동구입 사업의 발전은 고도경제성장기와 오일쇼크를 지나면서 발전한 소비자운동을 배경으로 하는 새로운 협동 에너지를 사업으로 조직화한 것이다. 소비자의 새로운 생활 요구를 흡수하는 시스템을 만들지 못한 채 정체한 유럽의 생협 운동과 다른 점이라고 할 수 있다. 즉, 1950년대의 노동운동과 연결된 직장생협과 1960년대 이후의 공동구입 생협이 조합 성격이나 사업 내용 면에서 모두 다른 것처럼, 생협 운동은 각 역사 단계에서 만들어지는 시대의 산물이며, 그 시대의 조합원들의 새로운 생활 에너지를 흡수하는 시스템을 만들 필요가 있다"[2]고 말한다.

이상과 같이, 한창 자녀를 키우는 30~40대의 전업주부들이 식품공해나 화학물질(식품첨가물 등)에 불안을 느끼면서, 생협 직원들과 함께 안전한 상품 만들기, 산지직거래, 조합원 확대 사업 등에 매진했다. 이러한 운동을 통해 조합원과 직원 사이에 신뢰관계가 만들어져 생협 운동이 크게 성장할 수 있었다. 이렇게 공동구입시스템은 조합원의 새로운 에너지를 흡수하기 위해 탄생한 것이었다.

3) 구매생협의 현 단계와 과제

(1) 구매생협의 사업 추이[3]

전국 구매생협의 공급액을 기준으로 보면, 1987년에 공동구입이 매장을 추월했고(매장 7457억 엔, 공동구입 7694억 엔), 1990년대 초에 매장이 계속 개설되어 매장 공급액이 늘어났는데도 1997년도까지는 공동구입이 매장을 앞섰다.

그러나 공동구입의 공급액은 1993년 1조 3297억 엔을 정점으로, 1994년 1조 2730억 엔, 1997년에는 1991년 당시의 공급액보다도 떨어 져 1조 2203억 엔으로 감소했다. 이후에도 공급액은 계속 떨어져 2000 년에는 1990년(1조 1135억 엔)보다 낮은 1조 550억 엔을 기록했다.

반면, 1990대 후반부터 개별공급 사업이 성장하여 반별 공동구입 (반공급)을 포함한 무점포 사업의 공급액이 1999년에 1조 3939억 엔 (반공급 1조 1705억 엔, 개별공급 2234억 엔)을 기록했다. 2005년에는 1조 5033억 엔(전년 대비 103.0%; 반공급 8069억 엔, 전년 대비 96.5%; 개별공 급 6964억 엔, 전년 대비 114.3%)이었다. 참고로 매장 공급액은 1995년 의 1조 4719억 엔을 정점으로 계속 감소해 결국 2005년에는 1조 537

억 엔(전년 대비 98.3%)까지 떨어졌다.

또 전국 구매생협 1인당 매장 이용액은 1991년에 월 1만 8980엔을
정점으로 매년 감소하여, 2000년에는 1만 3120엔, 2005년에는 1만
2634엔을 기록했다. 2005년 수치는 1991년 대비 66.6%에 불과하다.
'조합원 생활에 얼마나 도움이 되는지 알려주는 척도'인 1인당 상품 이
용액은 떨어지는 경향이다.

구매생협의 경상잉여율은 1990~1991년에 2.3~2.4%였으나, 1994년
이후에는 1.0~1.1%로 떨어졌다. 특히 공동구입 경상잉여율은 1990~
1993년까지 4% 전후였으나 1994년 이후 3% 전후로 떨어졌다. 1993년
까지 어느 정도 흑자였던 매장 경상잉여율이 1994년부터 마이너스로
돌아서서 1990년대 후반에는 매년 악화되었다. 구매생협 전체의 경상
잉여율은 1994년 0.8%까지 떨어졌으나 그 후 큰 변동 없이 이어지다가
약간 상향하는 모습을 보이면서 2002년 1.4%, 2004년 1.2%, 2005년
1.5%로 상승했다.

이와 같이 구매생협은 1990년대 초부터 조합원 생활에 도움이 되는
정도나 경제성이 약해지는 상황에 직면했다. 여기에는 경제의 글로벌
화 및 경쟁의 심화 등과 같은 환경도 원인으로 작용했지만, 공동구입
면에서 그 특징을 잘 활용하지 못한 것이 구매생협이 약화된 가장 큰
요인이라고 할 수 있다.

(2) 구매생협의 과제

1990년대 초부터 시작된 경영환경 악화로 전국의 많은 구매생협은

경영 개선이 시급했고, 이에 하향식 운영으로 대응했다. 그 결과 주체인 조합원의 참가와 협동이 약해져 직원과 조합원 간의 거리가 멀어졌다. 구매생협의 경영구조는 매장의 적자를 공동구입으로 보전하는 것이다. 그러나 공동구입 사업 자체의 손익구조가 악화되는 상황에서는 새롭게 공동구입 사업을 재검토하고 재구축하는 것이 중요한 과제라고 할 수 있다.

공동구입은 원래 사람과 사람의 관계 속에서 운영되는 사업이기 때문에, 신뢰와 공감을 바탕으로 한 커뮤니케이션을 통해 조합원 한 사람 한 사람과 관계를 맺어가야 한다. 모리 요시노리(毛利敬典)는 그 이유에 대해 다음과 같이 정리하고 있다.[4] 첫째, 조합원 간 대화가 풍부한 반일수록 1인당 상품 이용이 높은 경향을 보인다. 둘째, 조합원의 이용액은 가입 후 시간이 지날수록 증가한다. 셋째, 공급 직원에 따라 공급액에 큰 차이가 있다. 공급액이 높은 공급자는 조합원에 대한 배려와 업무에 대한 책임감이 높은 동시에 자기 자신이 생활자로서 동일한 시선으로 조합원의 생활을 보고 조합원과 관계를 맺는다.

또한 마토바 노부키(的場信樹)는 "개별공급이건 슈퍼마켓이 진화한 형태인 익일배송이건 그도 아닌 다른 형태의 배송이건 간에 공동구입이 진화한다면, 거기에는 반드시 커뮤니케이션(사람과의 관계)을 통해 조합원의 생활을 만들어간다는 공동구입의 유전자가 있어야 하고, 그에 더하여 공동구입을 진화시키기 위해서는 변화를 만들어내는 매니지먼트가 중요하다"고 강조했다.[5]

가와구치 기요후미(川口淸史)는 "생협이 지속적으로 발전한다는 것은 공동구입이 진화·발전하는 것이다"라고 주장하며 진화의 조건을 다음과 같이 정리했다.[6] 첫째, 1인당 이용을 확대하는 것, 즉 한 사람 한 사람의 상품 유용도를 높이는 것이다. 둘째, 생활에 도움이 되는 다양한 상품을 구비하는 것이다. 다시 말해 다양한 생활양식에 적합한 공급 매니지먼트를 확립하는 것이다. 셋째, 사업 시스템을 진화·발전시키는 것이다. 개별공급을 기초로 하는 사업 시스템을 확립하고 그것을 전제로 커뮤니케이션을 중시하는 것이다.

이 세 사람의 주장을 지금까지의 공동구입의 추이와 특징을 바탕으로 오늘날의 과제로 바꾸어보면, ① 조합원의 주체적 참가와 협동의 재생, ② 직원의 커뮤니케이션 노동[7]과 전문성의 향상, ③ 생협 경영의 유효성과 경제성 향상으로 정리할 수 있다. ① 조합원의 주체적 참가와 협동의 재생은 커뮤니케이션과 관계를 통해 연결되는 세계를 넓혀 공통의 과제를 협동해서 대처하는 것과 관련된다. 그 과정에서 서로 간의 생각과 가치관을 인정하고 민주주의를 관철하며 주체성과 자립성을 높여가는 것이 중요하다. 이런 과정의 연속이 조합원 간의 관계를 풍부하게 만들고 협동을 되살린다. ② 직원의 커뮤니케이션 노동과 전문성의 향상은, 직원이 생협의 주체인 조합원 한 사람 한 사람의 곁에서 그들의 생활 속에서 나오는 의견에 공감하고 대응하며, 다양한 협동을 장려하고 지원하는 것과 관련된다. 이러한 활동은 조합원을 독려할 뿐 아니라 직원의 커뮤니케이션 능력[8]을 높인다. 또한 커뮤니케이션 능력의 향상은, 직원을 더 높은 수준의 전문가로 성장시켜 '생활지원노동(서포트 워크, support work)'[9]의 전문성을 향상시킨다. ③ 생협 경영의 유효성과 경제성은, 조합원의 참가와 협동, 직원의 커뮤니케이션 노동이 다각도로 관계를 맺으면서, 조합원의 요구와 공급하는 상품 및 서비스가 일치해 이용이 결집되는 것과 관련이 있다. 동시에 조합원은 ①과 ②의 관계에서 자신의 의견이 반영되고 있다는 것을 실감하여 생협과 직원에 대한 충성도가 높아진다. '조합원 참가, 충성도, 이용 결집은 상관관계에 있다'[10]고 일컬어지는 것처럼 충성도를 높이면 이용 결집이나 경제성도 높아질 가능성이 커진다. 그리고 ③ 생협 경영의 경제성이 높아지면, 다시 ①이 보장되는 관계가 성립한다. ③은 어디까지나 ①과 ②의 결과이지만, 철저한 합리적 경영과 계수관리는 당연한 과제이다.

이렇게 ①과 ②와 ③의 관계는 상보적이며 따로따로 존립할 수 없다. 이런 관계가 연속되면, 조합원과 직원의 성장이 촉진되고 쌍방의 신뢰관계가 한층 강해진다. 쉽게 표현하면 '① 조합원의 주체적 참가와 협동의 재생 × ② 직원의 커뮤니케이션 노동 = ③ 생협 경영'이라고 할 수 있다. 생협의 주인은 조합원이라는 점에서 먼저 ①을 강화하는 것이 포인트이다. ①을 강화하고 조합원을 격려하고 지원하기 위해서는 ②가 결정적으로 중요하다. ①과 ②의 상보관계와 상승효과가 조합원 생활에 도움이 되는 정도를 높여주어, 그 결과 생협 경영의 유효성이 향상되고 경제성이 개선된다. 바꿔 말하면, 생협 경영의 양호함은 ①과 ②가 균형 있게 기능하고 있으며, 조합원 생활에 도움이 되는 정도가 높다는 것의 증거이다. 반면 ①과 ②가 제대로 기능하지 못해 조합원의 의견과 사업·운영 간에 불협화음이 발생하고, 조합원

생활에 도움이 되는 정도가 저하되었을 때는 경영이 악화된다.

구매생협의 가장 큰 과제는 ① 조합원의 주체적 참가와 협동의 재생, ② 직원의 커뮤니케이션 노동과 전문성의 향상이지만, 이 두 가지 과제를 수행하는 과정에서 생협 경영의 상태를 항상 주시하면서 두 과제와 생협 경영이 균형을 유지하는 것이 중요하다.

(3) 과제 수행 사례

전국의 구매생협 중에는 하향식 운영과 조합원과의 커뮤니케이션 부족을 반성하고, ① 조합원의 주체적 참가와 협동의 재생, ② 직원의 커뮤니케이션 노동과 전문성 향상, ③ 생협 경영의 유효성과 경제성 향상이라는 세 과제를 연계해서 추진하는 생협이 나타났다. 그리고 이 과제를 수행하는 과정에서 경영 상태가 호전되고 일에 대한 직원의 보람과 동기도 높아지고 있다.

이와 관련해 세 곳의 사례를 소개한다. 첫 번째는 조합원의 주체적 참가와 협동의 재생을 적극적으로 실천하고 있는 도치기(栃木)생협, 두 번째는 직원의 커뮤니케이션 노동과 전문성 향상을 업무의 축으로 삼고 있는 오사카팔(大阪パル)코프, 세 번째는 ①, ②, ③을 종합적으로 파악하여 조합원의 생활과 의견을 철저하게 반영하여 조직과 사업을 운영하는 코프미야자키(宮崎)이다. 이 세 구매생협의 공통점은 주인인 조합원의 의견이 모든 운영의 출발점이 되며, 조합원과의 접점에 있는 현장 직원은 철저한 커뮤니케이션 노동을 통해 조합원을 격려하고 지원하고 있다는 점이다. 그 결과 생협의 경영 상태가 크게 개선되

었고, 직원들은 더 많은 보람을 느끼고 일에 대한 동기도 높아지고 있다.[11]

도치기생협

도치기생협의 조직 개혁은 2000년부터 추진되었다. 1990년대에 조합원 수는 순조롭게 늘어났지만, 1인당 이용액이 계속 떨어졌고 조합원층도 넓히지 못했기 때문이다. 또한 코프회(중간조직)를 비롯해 조직이 하향식으로 운영되어 활기가 없어지고 직원에 대한 민원도 많아졌다. 결국 1999~2000년 2년 연속으로 소득과 이익이 모두 감소함으로써 사업 실적이 낮아졌다. 위기를 느낀 도치기생협은 이 위기를 타개할 방법은 조합원에게 직접 물어보는 것이라고 판단하고, 2000년에 조합원 1000명을 대상으로 설문조사를 실시했다.

도치기생협은 설문조사를 통해 조합원들이 '마음 편한(いここちよい) 생협'을 필요로 한다는 것을 알았다. '마음 편한 생협'이란, '내 삶에 도움이 되고, 맛있는 먹거리 제품이 있으며, 동료가 항상 가까이 있어서 따뜻한 관계가 있고, 언제 어디서나 있는 그대로의 자신으로 있으면서 사람들과 풍부한 대화를 나누고 서로를 인정해주는 새로운 만남이 있으며, 내가 건강해지고 나와 내 삶을 알고 있는 직원이 가까이 있는 것'이라고 정리했다.

도치기생협 이사회와 직원은 '마음 편한 생협'을 실현하기 위해 조합원의 생활에 다가가 그들의 의견에 귀를 기울였다. 그들은 ① 조합원의 목소리를 통해 한 사람 한 사람의 생활을 느끼고 조합원과 직원

〈표 1-1〉 도치기생협의 '교류의 장' 만들기 프로그램(2005년)

내용	참가자 수	
차 모임	4325건 신청	23,357명
가을 수다교류회(지구별 대의원총회)	107회 개최	1,369명
봄 수다교류회(지구별 대의원총회)	96회 개최	1,417명
코프회(운영위원회)	31개 결성	192명
상품탐험대	2개	15명
취미모임	27개	254명
자원봉사그룹	15개	217명
지자체위원회	4개	53명
무료 연금 상담	매월 1회, 연 12회	115명
생산자교류회	15 가족 외	680명
합계		27,669명

주: 2005년 말, 조합원 186,005명.
자료: 도치기생협 제17차 정기대의원총회 의안서(通常総代会議案書).

이 협동하고 검토하며, ② 직원이 건강하게 일할 수 있는 환경을 조성하고, ③ 조합원, 직원의 틀을 넘어 지역과 유기적으로 연결하는 것이 필요함을 확인했다.

이를 위해 조합원의 주체적 참가와 협동을 많이 만들기 위해 조합원 간 교류의 장(場)을 만드는 사업이 추진되었다. 예를 들어, 차 모임(세 명 이상이 모여 이야기를 나누는 모임, 생협에서 차와 간식 제공), 수다 교류회(봄, 가을 연 2회, 각 블록에서 개최),[12] 생협 잡지인 ≪수다게시판(おしゃべりかわら版)≫(상품 사용법, 생활의 지혜 나누기, 조합원 간 또는 조합원과 직원 간의 교류 등을 지면에서 소개) 등 열 개 이상의 모임이 만들어졌다(〈표 1-1〉 참조). 2005년에 이 같은 모임에 참가한 조합원은 전체 조합원의 14.9%인 2만 7669명으로 참여율이 높은 편이었다.

도치기생협은 지금까지의 하향식 운영을 폐지하고, 조합원의 목소리를 반영하는 '목소리 교류'를 기본으로 하는 운영으로 전환했다. 「의안서」 역시 조합원과의 대화에서 나온 내용을 바탕으로 조합원의 생활에 도움이 되는 생협 만들기를 목표로 검토되었다. 이사회도 크게 바뀌어 언제나 조합원의 생활이나 사실을 근거로 모든 일을 생각했다. 직원 역시 현장 사례에 대한 연구를 거듭하여 생각이나 행동의 관점을 공유해나감으로써 조합원과 직원의 거리가 좁혀지고 조직운영과 사업운영이 하나로 합쳐졌다.

조직 개혁이 진행되어 5년이 경과한 2005년에는 노력의 성과가 나타나기 시작했다. 〈표 1-3〉과 같이 경영잉여(율)가 과거 최고 수치였던 6억 1600만 엔(2.4%)에 이르렀다. 놀라운 점은 직원의 업무 만족도가 2001년 7.5%에서 2006년 30.4%로 비약적으로 증가했다는 것이다. 참고로 30.4%라는 수치는 전국 지역구매생협 중 3위에 해당한다.

이와 같이 도치기생협의 사례는 조합원의 주체적 참가와 협동의 재생을 중시함으로써 조합원과 직원의 관계, 일에 대한 직원의 보람, 생협 경영 등의 요소들이 상호작용하여 선순환하기 시작했다는 것을 실증적으로 보여준다.

오사카팔코프

전국적으로 공급 효율성 개선이 중심 과제로 부상하는 가운데, 오사카팔코프는 공급반 수(또는 공급지 수)를 늘려 효율을 높이는 것에 한계를 느끼기 시작했다. 오사카팔코프는 공급 코스(course)를 개선하여 직원과 조합원의 커뮤니케이션을 도모하는 것을 중심 과제로 삼고 있다. 커뮤니케이션이 반공급과 개별공급의 가치를 높여 이용 물품 수와 이용자 수를 끌어올리고, 그 결과 경제성을 높일 것이라고 생각하기 때문이다.

조합원과의 커뮤니케이션을 중시하게 된 배경은 다음과 같다. 오사카팔코프는 1991년에 3개 생협이 합병하여 탄생했다. 3개의 다른 생협을 하나로 묶기 위해 경영 면에서는 '관리주도형 가치관의 통일'을 전면에 내세우면서 '수익 향상과 경영기반의 강화'를 최우선으로 두었다. 그 결과, 실적만 높으면 무엇이든 용서되는 분위기가 고착되었고, 다른 동료 직원에게 어려운 일이 생겨도 자신과 관계없는 일이면 무시한 채 자기 실적에만 온 신경을 쏟았다. 또한 조합원을 실적 대상으로만 보면서 협동조합의 본래 모습과 멀어졌다.

이 같은 사고방식을 반성하는 목소리가 나오기 시작하면서 오사카팔코프는 1990년대 중반부터 '조합원 제일주의'와 '현장주도형 운영'으로 방침을 전환했다. 그리고 지금까지 시행착오를 반복해오면서 현재는 '조합원에게 좋다고 생각되는 것은 무조건 한다'라는 슬로건을 내걸고 이를 실행하기 위해 다음의 네 가지 관점을 설정했다. ① 조합원이 만족하고 있는지, ② 조합원이 생협을 다시 이용하고 싶다는 마음이 들게끔 하고 있는지, ③ 이러한 대응에 대해 주위의 조합원들이 잘하고 있다고 인정해주는지, ④ 이와 같은 대응이 생협의 사업으로 성립될 수 있는지 등이다.

오사카팔코프는 공급 직원과 조합원 간의 커뮤니케이션의 장을 중요하게 생각하여, 앞서 말한 네 가지 관점에 입각한 사례를 모으고 연구한다. '조합원 목소리 교류회'는 '조합원 의견 카드'라는 양식(조합원의 의견과 질문을 담당자가 써서 본부에 제출)을 통해 현장의 지소장(支所長)이 좋은 사례를 골라 지소장 회의에서 소개한다. 이는 지소장 회의뿐 아니라 상품부, 관리를 맡은 경영기획실, 정보시스템부 등 여러 부서에서도 실시된다. 이런 '조합원 목소리 교류회'가 거듭되면서 조합원의 의견을 현장 직원만 아는 것이 아니라 각 부서의 모든 직원이 조합원의 의견과 자신의 일을 연결할 수 있게 되었다.

전국적으로 사업 규모가 확대되자 사업의 분업화와 부서 간 분단화 경향이 나타났는데, 이 같은 분단화는 업무의 일관성과 관계성을 약화시켜 직원이 업무의 흐름을 종합적으로 볼 수 없게 한다. 즉, 조합원이 말해주는 생활의 실태나 의견이 제대로 전달되지 않아 직원의 업무 방향 및 실제 대응이 조합원의 생각과 멀어진다. 오사카팔코프 직원들은 조합원의 의견을 실현하기 위해 각 부서가 연계하고 전문성과 종합력을 높이는 데 중점을 두었다. '함께 힘을 모아 조합원의 생활을 좋게 만들자'라는 조직문화를 만들었던 것이다.

또한 오사카팔코프는 조합원과의 커뮤니케이션을 위한 대면율을 높이는 노력을 기울였다. 개별공급의 약 50%는 조합원과 직접 만날 수 있으므로 그야말로 일대일의 관계가 만들어진다. 또한 조합원과 담당자, 조합원끼리의 커뮤니케이션을 확대하기 위해 마련한 '담당자 뉴스'가 주목받았다. '담당자 뉴스'는 직접 먹어본 느낌이나 가족의 반응 등을 다루어 조합원들에게 좋은 반응을 얻었다.

<표 1-2> 담당자 A의 코스 공급액(2004~2005년)

(단위: 엔, % / 천 엔, %)

배달	담당자 A			A가 속한 지소(합계)		
	2005	2004	전년비	2005	2004	전년비
3월 4회	1,665,734	1,413,507	117.8	43,728	41,104	106.4
3월 5회	1,693,163	1,428,550	118.5	42,422	38,827	109.3
4월 1회	1,567,607	1,443,614	108.6	40,533	40,747	99.5
4월 2회	1,726,205	1,602,330	107.7	44,587	72,932	103.9
합계	6,652,709	5,888,001	113.0	171,207	163,610	104.7
4월 3회	1,752,819	1,794,027	97.7	44,342	46,471	95.4
4월 4회	1,809,664	1,641,455	110.2	46,682	44,650	104.6
5월 1회	1,425,789	1,657,216	150.1	36,603	37,364	98.0
5월 2회	1,599,763	1,581,757	101.1	40,274	42,041	95.8
합계	6,588,035	6,374,455	103.4	167,901	170,526	98.5
5월 3회	1,812,672	1,610,940	112.5	46,425	47,181	98.4
5월 4회	1,964,640	1,575,034	124.7	48,856	45,275	107.9
소계	3,777,312	3,185,974	118.6	95,281	92,456	103.1
평균			110.2			101.8

주: 비교대조의 의미로 담당자 A가 소속된 지소의 실적을 실음.
자료: 「進化する共同購入'におけるおおさかパルコープの報告資料」, くらしと協同の研究所 第13回総会記念シンポジウム(2005.6.26).

담당자 A의 사례를 살펴보자. 담당자 A는 조합원 1인당 상품 이용 액을 늘려 코스 공급액을 높이는 과제에 대해 소속 지소에서 월등히 높은 성적을 냈다(<표 1-2>, <그림 1-1> 참고). 그는 상품을 소재로 커뮤 니케이션을 하면서 조합원과 활발한 관계를 맺고 있는데, 화젯거리는 조합원들이 해주는 이야기이다. 그 결과, 상품 이용액이 상승했고, 담 당자 A가 속해 있는 지소도 2004년 대비 101.8% 성장했다. A의 공급 액은 무려 전년 대비 110.2% 상승해 지소에서 가장 높은 성장률을 보

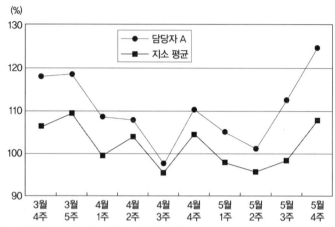

〈그림 1-1〉 담당자 A의 코스 공급액 전년 대비(2004~2005년)

자료: 오사카팔코프 자료를 바탕으로 필자가 작성.

여주었다. 코스 공급액이 늘어나면 현장의 노동생산성도 상승하고 생협 경영 전체의 경제성도 높아진다.

이 사례는 업무과제를 '조합원의 생활상을 듣는 것과 상품을 통해서 조합원에게 도움이 되는 정도를 높인다'로 설정하면서 직원이 빛을 발하고 생협의 경제성이 높아진 것을 보여준다. 즉, 직원의 업무 방향과 보람을 느끼는 정도, 경제성이 서로 상보관계가 있다는 것을 증명하는 것이다.

한편 직원이 일에 대해 보람을 느끼는 정도는 〈표 1-3〉과 같이 안정되게 높은 순위를 나타냈다(전국 4위). 공급액은 무점포와 매장 모두 전년도를 넘어섰으며 경상잉여율도 상승 경향에 있다.

〈표 1-3〉 공급액, 경상잉여(율), 직원의 업무 보람 관련

(단위: 100만 엔, %)

	점포 형태	공급액			경상잉여(율)(%)		직원의 업무 보람(%)	
		2004	2005	전년비	2004	2005	2001	2006
도치기 생협	무점포	17,681	18,091	102.3	377(1.5)	616(2.4)	7.5	30.4
	매장	6,242	5,813	93.1	[20위]	[11위]	[20위]	[3위]
오사카팔 코프	무점포	36,959	39,112	105.5	905(2.1)	1,270(2.7)	24.5	27.1
	매장	5,195	2,204	100.2	[10위]	[7위]	[6위]	[4위]
코프 미야자키	무점포	11,297	10,869	96.2	739(2.9)	736(2.9)	22.0	35.6
	매장	13,156	13,370	101.6	[4위]	[6위]	[8위]	[1위]

자료: 공급액, 경상잉여(율)은 日生協『2004年度·2005年度生協の経営統計』; 직원의 업무 보람 관련 통계는 生協労連,「労組アンケート」(2006.1., 地域購買生協)를 바탕으로 필자가 작성.

코프미야자키

코프미야자키는 1984년의 조직 개혁 이래로 일관되게 조합원의 의견 수렴을 운영의 기본으로 삼고 있다. 그 결과 사업 실적, 특히 경상 잉여율이 2004년과 2005년 모두 2.9%라는 높은 수준을 유지하고 있다(〈표 1-3〉 참고).

코프미야자키는 1984년부터 수차례 조직 개혁을 실시했다. 과거에 코프미야자키의 지도부(이사회 등)는 일반 조합원을 의식이 뒤떨어진 생활인으로 보고 교육과 설득을 통해 운동을 전개했다. 이런 정책이 일반 조합원과 생협 사이의 감정의 골을 깊게 만들었고, '생협은 조합원을 위해 무엇을 하고 있는가', '생협을 위해 조합원을 이용하는 것 아니냐'라는 비판의 목소리가 터져 나오기 시작했다. 조직 개혁은 ① 조합원 조직론의 전환(하향식에서 상향식으로), ② 직원론의 전환(조합원

〈표 1-4〉 코프미야자키의 기본 이념

· 기본 이념

'우리가 공급하는 제품을 중심으로 가족이 더욱 단란해지도록 하는 것'을 목표로 합니다.

· 행동 이념

제대로 '보기', 제대로 '듣기', 제대로 '생각하기', 제대로 '실천하기', 제대로 '돌아보기'를 통해 조합원의 삶에 도움이 되는 생협를 만듭니다. 그리고 더 많은 동료를 생협에 받아들입니다. 생활에 더 넓게, 더 깊게 도움이 되도록 합니다.

· 조합원관

조합원은 조합원이기 이전에 인간입니다. 당연히 '행복하게 살고 싶다', '가족의 삶을 더 좋게 하고 싶다'라고 생각합니다. 조합원 한 사람 한 사람의 삶을 '예술가가 예술작품을 만드는 것처럼' 매우 가치 있고 귀중하게 여기고 존중하는 것이 중요합니다. 그러한 사람이 자신의 의사로 생협에 가입하여 주인이 되고, 삶에 필요한 상품을 이용하고, 의견을 들려주는 것이기 때문에 생협은 조합원의 생각에 부응해야 합니다. 출자 · 이용 · 운영에 대한 조합원의 참여를 조합원이 주인으로서의 권리를 행사하는 것이라고 생각해야 합니다.

· 직원관

직원은 누구나 '타인에게 도움이 되고 싶다', '타인에게 인정받고 싶다', '성장하고 싶다'라고 생각합니다. 인간으로서의 이러한 소박한 생각이 존중되고, 직원 한 사람 한 사람이 의욕적으로 계속 일할 수 있는 조직 운용이 요구됩니다. 일의 목적이 공유되고, 달성 목표가 명확해지고, 자신의 책임을 자각할 수 있는 곳에 제대로 된 정보가 들어오면 각자가 스스로 깨달으면서 일할 수 있습니다. 사람은 누구나 알면 납득하고 의욕이 생깁니다. 알면 지혜가 생깁니다. 알면 할 수 있습니다.

자료: 코프미야자키 의안서(議案書).

의 의견을 중시하고 현장을 기반으로 하는 사업 전개), ③ 상품 정책 전환 (조합원이 원하는 상품의 공급)의 방향으로 이루어졌다. 코프미야자키의 기본 이념은 〈표 1-4〉와 같다.

조합원의 의견을 듣는 것을 중심으로 생협이 운영되자 직원들은 '내가 하는 일이 조합원에게 도움이 되고 있다, 조합원이 만족하고 있다'라는 사실을 체감하고 일에 대한 보람을 느꼈다. 이에 조직도 활기를 되찾았다.

코프미야자키는 조직론과 상품 정책을 전환하고, 조합원을 추상적으로 보지 않고 한 사람 한 사람을 구체적으로 인식했다. 또한 조합원의 더 나은 삶을 어떻게 실현시킬 것인가에 가치의 기준을 두었다. 본래 생협은 조합원과의 커뮤니케이션을 통해 쉽게 의견을 모으고 그것을 상품 만들기나 운영에 반영할 수 있는 구조인데도, 조합원의 의견을 대중의 의견으로만 인식했기 때문에 그 특징을 제대로 살릴 수 없었다.

코프미야자키는 조합원의 의견을 가장 가까이에서 들을 수 있는, 현장의 직원 모두가 〈표 1-4〉의 직원관을 자각하고 업무를 수행하는 것을 중요하게 여긴다. 따라서 판단력을 갖춘 직원을 키우는 일이 정말 중요하다. 일상 업무 과정에서 이 같은 능력을 기를 수 있게 하기 위해서, 현장에서는 이와 관련한 조합원의 의견을 듣고 성공과 실패 사례를 끊임없이 연구한다. 또한 코프미야자키는 업무 지침을 최소화하고 직원 각자의 개성 있는 판단력에 결정을 맡긴다. 판단(행동)의 기준은 조합원이 생협에서 다시 이 상품을 구매하고 싶어 하는지, 주변 사람들이 '적절한 대응이었어요'라고 기뻐했는지이다. 즉, 대면한 조합원만의 만족에 그치는 것이 아니라 다른 조합원의 공감을 얻고 있는지가 중시된다.

앞서 살펴본 것처럼 코프미야자키는 조합원과의 커뮤니케이션을 중시하며, 조합원 의견에 대해서는 부서 간의 경계를 넘어서 '직원 모두 함께 힘을 합쳐' 대응한다. 이로써 '조합원의 생활에 도움이 되는 정도'가 높아졌을 뿐 아니라, 실적과 직원이 일에 대한 보람을 느끼는 정도 역시 전국에서 항상 상위권을 차지하게 되었다.

(4) 사례 검증

3개의 구매생협은 서로 다른 조직문화 속에서 ① 조합원의 주체적 참가와 협동의 재생, ② 직원의 커뮤니케이션 노동과 전문성의 향상, ③ 생협 경영의 유효성과 경제성을 서로 연계하고 협동조합의 원점으로 돌아가 활동을 전개해왔다. 그리고 연계와 연속에 따른 조직문화가 형성되면서, 직원은 일에 대한 보람을 더 크게 느끼게 되었고 경영 면에서도 유효성과 경제성이 높아졌다.

〈표 1-3〉은 각 생협의 공급액, 경상잉여(율), 일에 대한 직원의 보람을 정리한 것이다. 공급액과 경상잉여(율)은 일본생협연합회가 낸 「생협경영 통계」에서, 일에 대한 직원의 보람은 전국생협노동조합연합회(생협노연)가 실시한 「2006 춘투(春鬪)준비를 위한 생활실태 설문조사」(2006.1)에서 (정규직을 대상으로 질문한) '전망이 있고 계속 일하고 싶다' 항목에 대한 결과를 인용했다. 생협노연이 2005년 9월과 12월 말에 실시한 이 설문조사는 전국에서 2만 3461매가 회수되었다. 회수율은 37.2%로 낮았지만 대략적인 경향은 파악할 수 있었다.

2005년도 각 생협의 공급액(매장, 무점포 합산)은 오사카팔코프가 2004년 대비 105.1%로 신장했고, 도치기생협과 코프미야자키는 각각 99.9%와 99.1%로 선전했다. 경상잉여율은 전국 평균(구매생협 1.5%)과 비교해 2.4~2.9%로 각각 높은 수준을 유지했고, 도치기생협은

1.5%에서 2.4%로 큰 폭으로 상승했다. 한편 '일에 대한 직원의 보람'을 보면, '전망이 있고 계속 일하고 싶다'라고 응답한 비율은 2005년 전국 평균 19.8%에서 2006년 18.5%로 낮아졌지만, 3개 생협은 모두 높아졌으며 2006년도에는 이와 관련해 모두 상위권을 차지했다.

이들 3개 생협은 조합원의 참가와 협동의 재생에 역점을 두고 직원의 업무 방향을 전환해왔다. 이는 생협 경영의 유효성과 경제성을 높이고, 나아가 업무에 대한 직원의 보람을 향상시켰다. 이를 통해 ① 조합원의 주체적 참가와 협동의 재생, ② 직원의 커뮤니케이션 노동과 전문성의 향상, ③ 생협 경영의 유효성과 경제성이 상보관계에 있음을 알 수 있다.

구매생협이 재생하는 길은 ― 도치기생협, 오사카팔코프, 코프미야자키의 사례에서도 밝혀진 것처럼 ― '조합원의 생활에 도움이 되는 정도'를 높이는 것을 목표로 조합원의 참가와 협동의 재생을 가장 중요한 과제로 삼고, 조직과 사업운영의 기본을 생협의 주인인 조합원의 의견과 생활에 두는 것이다. 그리고 업무 방식은 조합원 한 사람 한 사람의 곁에서 생활에 도움이 되는 정도를 높이기 위한 전문성을 키우고 커뮤니케이션 노동을 계속해서 발전시켜나가는 방향으로 나아가야 한다.

4) 새로운 과제와 새로운 협동 · 협동조합

앞서 살펴본 내용에서 알 수 있듯 구매 협동을 다시 활성화하는 길은 명확하다. 그러나 새로운 과제가 나타나면서 구매생협은 커다란 기로에 섰다. 경제의 글로벌화, 의료 및 복지 등 사회보장제도의 후퇴로 인해 육아지원이나 노인 돌봄[介護(개호)] 등의 '새로운 삶의 어려움'이 출현했기 때문이다. 이에 따라 생활·복지 영역에서의 대응이나 '지역 만들기'[13]가 구매생협의 새로운 과제가 되었다.

구매생협은 '조직 재생'과 '새로운 삶의 어려움'에 대한 대응이라는 두 가지 전략적 과제를 동시에 해결해야 한다. '조직의 재생'은 앞서 언급한 ① '조합원의 주체적 참가'와 ② '직원의 커뮤니케이션 노동과 전문성의 향상'을 실천하면 개선되리라고 생각한다. 외국에서는 '새로운 삶의 어려움'에 대응하기 위해 새로운 협동조합이 나타났고, 일본에서도 새로운 협동·협동조합 운동이 전개되었다. 앞으로 '새로운 삶의 어려움'에 대한 구체적인 대응은 구매생협 안에서 새로운 협동·협동조합 운동이 어떻게 전개될지에 달려 있다.

구매생협은 큰 전환기를 맞았다. 그리고 이 전환기에 조직된 새로운 협동·협동조합은 시대의 새로운 요구에 대한 응답이었다.[14]

2. 새로운 협동조합의 형성

1) 해외의 새로운 협동조합의 형성

국제적인 차원에서 최근의 협동조합 운동을 보면 어떤 특징을 찾을 수 있다. 그것은 바로 '새로운 삶의 어려움'을 배경으로, 생활지원·지역복지·교육·새로운 노동방식·고용 창출 등 '보편적 성질'을 내포하고, '커뮤니티의 질'과 주민의 '생활의 질'을 높이려고 하는 협동조합 운동이 성장했다는 것이다.[15] 비교적 소규모로 운영되는 새로운 협동조합은 영국의 커뮤니티협동조합이나 이탈리아의 사회적 협동조합을 예로 들 수 있다. 경제 침체를 이유로 복지나 교육과 같은 공공 부문에서 정부가 손을 뗀 선진국에서는, 지역주민들이 자신들의 손으로 협동조직 형태의 커뮤니티를 활성화하려는 새로운 운동을 전개했다. 핀란드 협동조합연합 페레르보(Finn Co-op Pellervo: FCP)의 하비스토(Haavisto) 회장은 "새로운 협동조합 운동은 FCP에 새로운 과제를 제기한다"라고 말하며 다음과 같이 강조했다. "전통적 협동조합은 다양한 어려움에 직면했으며, 새로운 소규모 협동조합들은 그럭저럭 잘해나가고 있다. 새로운 협동조합에 대해 회의적이었던 사람들도 서서히 이를 재평가하기 시작했다. 새로운 협동조합 운동은 많은 조합원을 고용하고, 일반 시민이 지역 커뮤니티를 개발하는 데 적극적인 역할을 담당하도록 독려한다. 몇몇 새로운 협동조합은 훌륭한 경제적 성과를 올렸다."[16]

여기에서는 영국과 이탈리아 사례를 통해 외국의 새로운 협동조합 운동이 전개되는 모습을 나카가와 유이치로(中川雄一郎)와 다나카 나쓰코(田中夏子)의 연구를 바탕으로 살펴보고자 한다.[17]

영국의 커뮤니티협동조합

커뮤니티협동조합의 역사는 1977년 '하일랜드 · 아일랜드 개발위원회(Highlands and Islands Development Board: HIDB)'의 주도하에 설립된 12개의 커뮤니티협동조합이 그 시작이다. 커뮤니티협동조합을 정의할 때 주로 이용되는 것이 '커뮤니티 비즈니스 스코틀랜드(Community Business Scotland: CBS)'의 정의이다. 즉, "커뮤니티협동조합은 지방의 커뮤니티가 설립하고 소유하고 관리한다. 최종적으로는 해당 지역주민들을 위한 자립적인 업무 창출을 목표로 하며, 지역 발전의 중핵이 되고자 하는 사업조직이다. 사업을 통한 이윤은 더 많은 고용을 창출하기 위해서나 더 좋은 서비스를 제공하기 위해, 또는 커뮤니티의 이익이 되는 다른 계획을 원조하기 위해, 혹은 이 모든 것을 실행하기 위해서 사용한다"[18]라고 정의하고 있다.

HIDB 프로그램은 실업자 비율이 높은 예전의 공업지대나 주변부의 지방경제 지역, 멀리 떨어져 있는 농촌 등에 고용 창출, 자원 재활용, 노인 돌봄 등 지역 커뮤니티 요구를 반영한 서비스를 제공한다. 재원은 주민 출자금과 지자체가 지원하는 이와 동일한 액수의 자금을 조달한다. 주민들이 커뮤니티협동조합에 적극 참여함으로써 커뮤니티와 주민의 자치 역량이 강화되었고(empowerment), 커뮤니티협동조합을 운영할 수 있는 기초적인 힘이 길러졌다. 또한 사업을 통해 복지 서비스가 제공되고 일자리가 창출되었다. 이와 같이 커뮤니티협동조합은 도시, 농촌, 도서(離島) 지역에서 일정한 경제적 · 사회적 효과를 만들어냈다.

이탈리아의 사회적 협동조합

이탈리아의 사회적 협동조합은 경제적 · 사회적 글로벌화와 고령화, 실업, 여성의 사회 진출 요구 등 사회에서 발생하는 다양한 문제들에 대해 이탈리아 사회가 대처하지 못하는 상황을 배경으로 탄생한 새로운 협동조합이다. 1991년에 제정된 법률 제381호[사회적협동조합법(Law 381/91 on social cooperatives)」]에 따르면, "사회적 협동조합은 인간적인 관심의 제고와 시민의 사회적 통합을 촉진하는 공동체의 보편 이익을 추구한다".* 사회적 협동조합은 A형과 B형으로 분류되는데; A형 협동조합은 복지 · 보건 · 의료 · 교육 등의 서비스를 노인과 장애인 등 관련 서비스를 요구하는 시민에게 제공하는 협동조합이다. B형 협동조합은 신체 · 정신 · 지각 · 지적 장애가 있거나 사회적 불이익을 겪는 사람[취약계층 노동자 — 옮긴이]이 조합원의 30% 이상을 차지하는 협동조합이다.

이와 같이 사회적 협동조합은 특정 개인이나 집단의 사적 이익 또는 전통적 협동조합에서 말하는 '조합원 이익'을 목적으로 하지 않는다. 장애가 있거나 사회적 불이익을 당하는 사람들의 요구에 대응함으로써 커뮤니티 전반의 이익을 추구한다. 사회적 협동조합은 취약계층, 전문 직원, 자원봉사자 등 3자로 구성되어 있다는 점에서나, 구성

---

* "The purpose of social co-operatives is the pursuit of the general community interest in promoting human concerns and in the social integration of citizens" (Contederazione Coopertive Italiane-Borgo S. Spinio, 78-00193 Roma, ec.europa. eu/interal_market/social_business/docs/expert-group/geces/guerini_en.pdf).

원들의 인간적 발달을 보장하고 일자리 창출을 촉구한다는 점에서 일종의 '복합조합' 또는 '다기능적 협동조합'이라고 할 수 있는 새로운 협동조합의 형태를 띠고 있다.

이처럼 사회적 협동조합은 지금까지 호혜적인 '공익조직(共益組織)'으로 평가받던 전통적 협동조합의 성격을 크게 바꿔 '지역의 보편적 이익 추구'를 주장한다는 점에서 획기적이다.

사회적 협동조합은 농협이나 생협과 같은 전통적 협동조합과 다르고, 철저히 내부에서 자발적으로 나선 사람들을 주인공으로 지역 만들기를 담당한다. 그리고 이러한 역할이 '커뮤니티의 질'과 주민의 '생활의 질' 향상에 공헌하고 있다. 이로써 사회적 협동조합은 이탈리아의 협동조합 운동 안에서 일정한 위치를 점하게 되었다. 이탈리아 노동청의 1999년 통계에 따르면, 사회적 협동조합은 A형 3577개, B형 2320개, 혼합형 303개로, 총 6200개가 설립되었다.*

2) 새로운 협동조합과 전통적 협동조합

나카가와 유이치로는 협동조합에 대해 '커뮤니티의 실'과 '생활의 질'을 향상시키는 데 더 노력할 것을 주문하는 한편, 타인의 다양한 모

* 2004년 말 현재, 사회적 협동조합은 A형 4026개, B형 2459개, 혼합형 377개로, 총 6862개가 설립되었다[모니카 로스(Monica Loss), 「이탈리아의 사회적 기업」, ≪국제노동브리프≫, 제4권 제6호(한국노동연구원, 2002)].

〈표 1-5〉 전통적 협동조합과 새로운 협동조합 비교

	전통적 협동조합	새로운 협동조합
활동 영역	상품의 구매·판매	복지 서비스·지역 만들기(공익성)
대상	특정의 개인(한정성)	불특정 다수(보편성)
조직의 성격	공익(共益)·공조(共助)	공익(公益)·공조(公助)
구성원	단일 이해관계자	다중 이해관계자
사업 규모	대규모	소규모
운영	간접민주주의	직접민주주의
지역 만들기	지역사회와의 관계는 비교적 약함	지자체나 여러 단체와의 네트워크 연계가 강함

자료: 선행연구를 참고로 필자가 작성.

습과 차이를 받아들이는 능력(수용적 능력)과 자신의 커뮤니티를 지속하고 발전시키는 능력(자발적 능력)이 중요하다고 말한다. 그리고 이와 관련해 이탈리아의 사회적 협동조합이 해답을 제시하고 있다고 말하면서, "사회적 협동조합은 커뮤니티의 전반적 이익을 추구한다는 점에서 공익성이 높고, 개인의 인격적 성장(인간적 발달)을 촉진하고 사람을 격리하지 않으며 사회의 일원이 되도록 하는 것(시민의 사회적 결합)을 목적으로 한다는 점에서 보편적 성질을 가진다는 것이 특징이다"[19]라고 정리한다.

또한 다나카 나쓰코는 사회적 협동조합의 특징으로 폭넓은 활동 영역과 공익성, 소규모의 조직 구성, 다중 이해관계자형 조직, 내발적이면서 독자적인 네트워크를 활용하여 사회의 여러 주체(지역, 지자체, 시장)들과 다양한 관계를 맺고 있다는 점을 든다.[20]

전통적 협동조합과 새로운 협동조합을 비교하면 〈표 1-5〉와 같다.[21] 먼저 활동 영역이 전통적 협동조합은 주로 상품 판매나 구매의 협동인 반면, 새로운 협동조합은 복지 영역 또는 지역 만들기에 관계된 영역에서의 협동을 추구한다. 또한 전통적 협동조합은 개인을 대상으로 하며 '공익(共益)·공조(共助)'의 성격을 띠는 데 비해, 새로운 협동조합은 불특정 다수를 대상으로 하며 '공익(公益)·공조(公助)•'를 목적으로 한다. 한편 전통적 협동조합은 단일 이해관계자로 구성되는데, 사회적 협동조합은 전문 직원, 자원봉사자, 취약계층 등 다중 이해관계자로 구성된다. 이 네 가지 점이 전통적 협동조합과 새로운 협동조합의 결정적인 차이점이다. 새로운 협동조합은 활동 영역과 조직의 성격 면에서 자립(자율)성이 비교적 높다는 점과 소규모 운영, 직접민주주의 원칙, 여러 단체와의 네트워크 등의 특징이 있다.

새로운 협동조합은 지금까지 '공익(共益)·공조(共助)'라는 전통적 협동조합의 성격과는 크게 다르며 지역이나 사회의 보편적 이익을 추구하고, '공익(公益)·공조(公助)'를 목적으로 한다는 점에서 획기적이다.

3) 일본에서의 새로운 협동·협동조합 운동의 전개

지역사회에서는 점점 사람과 사람의 관계가 약해지고 고립화되고 있다. 특히 농촌에서는 인구 감소, 고령화, 촌락 기능의 쇠퇴가 동시

• 공조(公助)는 공적 기관이 개인이나 지역사회가 해결할 수 없는 문제를 지원하는 것을 뜻한다. 여기에서는 복지 영역, 지역 만들기 등 보편적인 이익을 증진하는 데 함께 돕고 지원하는 것을 의미한다고 볼 수 있다.

에 진행되어 앞으로의 전망이 그리 밝지 않다. 이런 상황에서 각지에서 주민 스스로가 자립(자율)의 길을 모색하고, 행동하는 시민, 자립하는 여성이 증가했다는 점은 주목할 만하다. 그들은 과거와 연줄에서 벗어나 새로운 관계를 만들고, 교육 · 문화 · 지역복지 · 생활지원 · 먹거리 등의 분야에서 크고 작은 다양한 협동조합(워커즈컬렉티브, NPO법인, 자원봉사 조직 등)을 만들어 지역사회의 새로운 가능성을 제시했다. 특히 워커즈컬렉티브에서 활동하는 여성이 많은데, 2005년 11월 현재 전국 700여 개 단체에서 1만 6000여 명이 활동했다. 노동통계 차원에서 보면 매우 적은 수치이지만 그 수는 매년 증가했다. 눈여겨봐야 할 점은 워커즈 노동에 종사하는 여성들이 지역의 다양한 협동조합과 연계하여 네트워크를 만들고 지역사회를 재생하는 데 일익을 담당했다는 점이다.

또한 여성과 노인의 창업을 돕는 협동조합이 여러 지역에서 운영되었다. 특히 농촌지역의 창업이 활발했다. 농림수산성(農林水産省) 조사에 따르면, 농촌지역의 창업 수는 1993년 1255개 그룹에서 2002년 7327개 그룹으로 급증했다. 이 수치는 전국의 농업개량보급센터를 통해 집계한 것인데, 실제로는 더 많은 '여성 창업'이 있을 것으로 추정된다. 업종을 살펴보면, 식품가공, 판매 · 유통, 농업 생산, 도시와의 교류, 식품 이외의 가공, 서비스업 순이며, 이 중 식품가공과 판매 · 유통이 80% 이상을 차지한다.

여성의 창업을 통해 설립된 협동조합은, 일반적으로 판매액이 작고 지금까지의 활동을 통해 축적해온 기술과 지역 자원을 활용하여 규모에 맞는 경제행위를 한다는 특징이 있다. 따라서 여성의 창업은 경제적 지위의 확립이라는 의미도 있지만, '나답게 살고 싶다'는 생각이나 자아의 실현, 살기 좋은 지역 만들기 활동이 중심이다. 또 그들은 시장 원리와는 다른 원리로 노동시스템을 만들었고, 노동보수에 대해서도 일의 사회적 가치나 일의 보람을 중시한다. 직매장이나 농산물가공 등의 창업이 지역 유통망을 형성하고 새로운 가치를 낳아 지역의 농업 진흥과 경제 활성화를 이끌며 지역의 자립도를 높인 한편, 복지 관련 창업은 주민 참여를 독려하여 지역 복지의 자립도를 향상시켰다.

이 같은 여성 창업은 협동조직으로 출발하여 지역과 사회 전반에 협동관계를 만드는 협동 운동이자 사업을 동반하는 협동조합적 성격이 있다는 공통된 특징이 있다. 네기시 히사코(根岸久子)는 이를 '새로운 협동조합'이라 규정할 수 있다고 주장한다.[22]

이처럼 일본의 새로운 협동 · 협동조합 운동은, 농촌에서는 고령자 지킴이, 여성 및 노인 중심의 농산물 직판 · 식품가공 창업의 형태로, 도시에서는 육아지원 및 생활지원 등 생활 · 복지 서비스 제공의 형태로 전개되었다. 이러한 활동은 협동이 약화되고 고립화되면서 등장한 '새로운 삶의 어려움'에 대해, 관계성을 회복함으로써 '사람답게 살고, 사람답게 일하고 싶다'고 생각하는 주민들의 시대적 요청에 부응한 것이었다. 일본의 이 같은 새로운 협동 · 협동조합은 높은 공익성과 소규모 운영 등의 특징으로 볼 때 해외의 새로운 협동조합과도 비슷하다.

일본의 새로운 협동 · 협동조합은 농촌, 도시 관계없이 생활 · 복지 영역과 지역 만들기 분야에서 전국적으로 형성되기 시작했다. 또한 구매생협 내부와 주변에서도 '새로운 삶의 어려움'에 대한 대응과 '새로운 노동방식'으로서의 워커즈 등 새로운 협동·협동조합 운동이 전개되었다.

이러한 새로운 협동·협동조합은 공익성이 높은 생활·복지지원이나 지역 만들기, 새로운 노동방식을 제시하는 워커즈 등 형식은 다양하지만, 그 활동 영역이나 성격 면에서는 이들 모두 '새로운 협동조합'의 맹아로 볼 수 있다.

앞으로의 과제는 시대의 새로운 요청으로 만들어진 '새로운 협동조합'을 구매생협과 어떤 방식으로 연계시켜나갈 것인가이다.

3. 구매생협과 새로운 협동조합의 연계

1) 구매생협과 새로운 협동조합의 관련 및 의의

해외에서는 영국의 커뮤니티협동조합이나 이탈리아의 사회적 협동조합과 같은 새로운 협동조합이 출현하고 발전하면서, 농협이나 생협과 같은 전통적 협동조합에 기초를 둔 '조합원의 이익에 봉사한다'라는 협동조합의 개념을 다시 생각하는 계기가 마련되었다. 그 결과, 이들 나라에서는 전통적 협동조합도 새로운 협동조합 운동의 중요성을 인식하게 되었다.[23] 이렇게 시대의 전환기에는 항상 주체적·자발적 운동이 싹을 틔우고 시대를 움직이는 원동력이 되곤 한다.

일본에서는 새로운 과제가 부상했다. 생활지원·육아·교육·노인 돌봄·노동방식·가족 간 유대의 상실 등 '새로운 삶의 어려움'이 생활과 지역의 과제가 되었다. 이런 문제들이 발생한 요인은 여러 가지로 생각해볼 수 있지만, 경제의 글로벌화가 진행되면서 관계성과 협동이 약화되고, 오타가이사마(お互い様)* 정신으로 어렵지 않게 서로 도와주며 맺어왔던 인간관계가 소원해지는 고립화 현상이 나타난 것을 지적할 수 있다.

구매생협은 오일쇼크 이후 가격의 안정화 및 식품 불안에 대한 대응이라는 시대의 요청을 받아 새로운 협동 에너지를 공동구입이라는 새로운 사업으로 조직화하여 이 문제들을 해결하려 노력했다. 또한 매장 사업이 어려워진 상황에서 공동구입 사업은 생협 운동 전체를 발전시키는 원동력이 되었다.

이와 마찬가지로 '새로운 삶의 어려움'에 대응하는 새로운 협동·협동조합이 구매생협 내부와 주변에서 나타나고 있는데, 이러한 새로운 협동·협동조합을 내부화하고 관련을 맺는 것은 조직과 사업운영상 어려움에 처해 있는 구매생협을 재생시키는 힘이 될 수 있다. 앞서 말했듯, 구매생협이 재생하는 방안은 ① 조합원의 주체적 참가와 협동의 재생, ② 직원의 커뮤니케이션 노동과 전문성 향상에 있는데, 여기에 구매생협과 새로운 협동·협동조합이 관련을 맺음으로써 구매생협의 재생을 한층 촉진시킬 수 있다.

• '서로 돕고 도와주는'이라는 뜻이다.

새로운 협동·협동조합과 구매생협이 연계함으로써, 새로운 협동·협동조합에서 형성된 새로운 협동의 에너지는 구매생협의 희박해진 협동을 재생시키고, 반대로 구매생협이 지금까지 축적해온 인적·경제적 자원은 새로운 협동·협동조합으로 주입되어 새로운 협동·협동조합이 계속 발전할 수 있게 되었다. 즉, 구매생협과 새로운 협동·협동조합의 연계는 각각의 강점이 서로에게 영향을 주어 상승효과를 일으켰고, 생협 운동이 지속적으로 발전할 수 있는 가능성을 선물했다.

따라서 구매생협과 새로운 협동조합의 연계는 21세기 생협의 방향성을 검토하는 중요한 열쇠이다.

2) 구매생협과 새로운 협동조합의 관련에 대한 평가

21세기형 생협의 논점 중 하나는 구매생협과 새로운 협동조합 간의 '분업'과 '관련'이다. 전국적으로는 이 논의가 별로 이루어지지 않고 있으며 '관련'에 대해서 평가하는 사람도 별로 없다.

그런 가운데 시모야마 다모쓰(下山保)는 "수도권코프*의 회원생협들은 팔시스템(Pal System)**의 높은 사업 집중도 덕분에 총수익을 보

• 전 수도권코프사업연합회, 현 팔시스템생활협동조합연합회.
•• 팔(pal)과 시스템(system)을 합친 조어로, 도쿄와 수도권의 1도 9현에서 사업을 전개하고 있는 소비생협연합회인 팔시스템생협연합회의 약칭이다.

증받는다. 따라서 회원생협은 사업과 관련된 번거로운 실무가 줄어들어 조합원 조직활동에 전념할 수 있다. 총수익뿐만 아니라 안전성까지 보증하면 경영상의 복잡함과 곤란함에서 벗어날 수 있어 운영이 더욱 쉬워진다"[24]라고 주장했다. 하지만 구매 사업을 사업연합에 집중함으로써 회원생협은 "조합원 조직활동에 전념하는 것이 가능하게 되었다"라고 말하면서 '관련'에 대해서는 별로 다루지 않으며, 구매 사업 = 사업연합, 조합원 활동 = 회원생협 형식의 '분업'을 주장한다. 시모야마의 주장이 분업을 강조하기는 하지만, 회원생협에 복지 서비스와 같은 활동을 펼칠 것을 제기하는 등 새로운 협동조합을 적극적으로 자리매김하려고 한다는 점은 눈여겨봐야 한다.[25]

나카무라 요이치(中村陽一)와 후지 아쓰시(藤井敦史)는 '관련'을 모색하는 입장이다. 나카무라는 "시민형 생협[26]과 구매생협이라는 요소를 이어주는 이론과 실천이야말로 이후의 중요한 과제라고 생각한다. 이 두 요소는 어느 하나가 없으면 약점을 가지기 때문이다. 이는 현재 구상되고 있는 생협학의 문제의식에 내재한 결사체(association)와 사업(enterprise)이라는 키워드와도 접점이 있다"[27]라고 주장한다.

후지 아쓰시는 도쿄마이코프와 NPO법인 등에 대한 조사를 바탕으로 다음과 같이 설명한다.[28]

생협을 지역에 개방하는 흐름이 생협의 조직 디자인을 변혁해가는 중요한 계기가 될 것은 분명하다. 왜냐하면 지역에 밀착하여 NPO법인이나 커뮤니티비즈니스 등 다양하고 이질적인 지역 활동가와 연계해나가기 위해서는 기존의 계층적인 대표제 민주주의로 운영되는 대규모 조합원 조직으로는 분명히 무리가 있기 때문이다. 이번 인터뷰 조사를 통해 필자는 앞으로의 생협은 점점 2층 구조의 조직 형태를 취할 것이라는 느낌을 받았다. 규모의 경제가 작용하기 쉬운 물품 사업은 광역의 사업연합 차원에서 전개하고, 이를 하부구조로 삼아 NPO법인이나 커뮤니티비즈니스를 통한 지역밀착형 휴먼서비스 사업이 지역 네트워크의 원을 넓히면서 유기적으로 전개되는 것이다. 전자와 후자를 최적으로 합쳐 어떤 형태로 지역을 디자인해갈 것인가, 그것이 앞으로의 발전에 중요한 열쇠가 될 것이다.

한편 '관련'을 적극적으로 평가하고 있는 마스다 요시아키(增田佳昭)와 다나카 히데키의 의견은 다음과 같다. 마스다는 JA 사례들을 바탕으로 다음과 같이 정리하고 있다.

농업이나 생활 관련 농협활동에서 지역 조직 정도(地域組織性)나 농가가입율(全農家加入性)은 더 이상 활력의 원천이 아니다. 앞에서 언급한 것과 같이 농협 사업을 활성화하기 위해서는 서로 다른 기대와 서로 다른 사업마다 조합원이 참여할 수 있고 자주적인 사업운영이 가능한 구조를 확립하는 것뿐이다.

특히 업무 구역이 넓고 조직이 거대한 광역합병농협에서 이 같은 구조가 더욱 필수적이다. 협동조합으로서 조합원 참가를 통한 활발한 활동을 유지함과 동시에 사업을 효율적으로 운영하기 위해서는, 영농과 생활에 필요한 '전문농협'을 내부에 많이 만드는 조직이라는 이미지가 필요하다. 광역합병농협은 '전문농협'의 네트워크로 구성될 때에야 비로소 조합원 참가와 민주적 운영을 실현할 수 있으며 활력과 경쟁력을 얻을 수 있다고 생각해야 한다.[29]

이에 덧붙여 그는 다음과 같이 주장한다.

농업 경영이 급속하게 분화되고 분해되어 기존과 다른 성격의 경영체가 나타나고 판매 형태도 다양해진 지금, 예전과 같이 쌀 생산자를 단순히 'JA 사업 이용자'로 일반적으로 파악하여 조직을 운영하고 사업을 추진하면 분명히 한계에 부딪힐 것이다. 공통 목적을 가진 조합원 조직을 JA 내부에 다양하게 만드는 것만이 지금과 같은 구조 변동 아래에서 JA다운 사업을 전개할 수 있는 방법이다. 조합원 간의 확연한 이질화를 생각할 때, 공통의 이해를 가진 조합원 조직을 기본으로 한 사업 방식으로 재구축하는 것, 즉 '분사화(分社化)' 또는 'JA 안의 작은 JA 만들기'는 검토해야 할 과제이다.[30]

다나카는 구매생협에 요구되는 전략적 과제로 구매생협 내의 협동과 사업의 연계 재구축과 '큰 구매생협 안에 작은 새로운 협동조합의 설립'(전통적 구매형 생협과 새로운 협동조합과의 관련구조)을 제기한다.[31] 그는 구매생협을 '큰 협동조합', 새로운 협동조합을 '작은 협동조합'으로 파악하며, 큰 구매생협 안에 작은 협동조합을 만들면 작은 협동조합이 큰 협동조합에 새로운 에너지를 주어 구매생협의 협동에 활기를 불어넣어 줄 것이라고 주장한다. 그리고 구매생협이 새로운 에너지를 흡수하면 지역의 협동센터로서 지역의 다양한 협동과 지속적으로 관련을 맺게 된다고 말한다.

다나카의 이 같은 생각은 1999년 12월에 히로시마에서 열린 '히로시마·지역과 협동(ひろしま·地域と協同)' 회의에서 시작되었다. 구매생협, 의료생협, JA 등의 상근 임원과 간부 직원, 조합원이 참가한 토론회에서, "협동의 조직화와 효율화 사이에서 끊임없이 흔들린다. 이 흔들림을 공유하는 관계가 있다는 것이 협동조합 사업조직의 중요한 점이다. 이를 해소하여 하나의 시스템으로 만들면 협동과 꿈이 사라져버린다", "히로시마 중앙보건생협의 헬퍼(helper)• 모임인 아오이토리(青い鳥)나 지바(千葉)코프의 조합원 서로 돕기 조직인 오타가이사마는 활기가 넘친다" 등의 이야기가 나왔다. 이에 대해 다나카는 "앞으로의 협동조합은 효율성을 추구하는 시스템적 대규모 조직으로 일원화하는 것보다 협동을 안에서 조직할 수 있는 사업조직인 작은 협동조합을 많이 만들어 내부화하는 것이 중요하지 않을까. 커다란 협동조합 안에 작은 협동조합을 만드는 '협동조합 내 소규모 협동조합'의 형성이 중요하다"[32]라고 말했다.

매장 중심의 구매생협이 정체된 상황에서 공동구입이 등장하고, 공동구입과 구매생협의 '관련'을 통해 생협 운동 전체가 크게 발전했던

• '자원봉사자'를 뜻한다.

것과 마찬가지로, 구매생협과 '새로운 협동조합'의 '협동조합 내 소규모 협동조합'이라는 '관련'이 중요 전략과제라고 생각한다.

그러나 '관련'을 적극적으로 평가하는 논의는 적을 뿐 아니라, 아직까지 관련구조를 정리하거나 유형화하는 연구는 없었다. 관련구조는 지역성과 역사성 등에 따라 다양한 형태로 나타난다.

이 책의 다음 장들에서는 관련구조에 대한 현장 분석을 바탕으로 유형화를 시도하고, 관련구조론을 발전시켜 구매생협의 새로운 방향을 고찰하고자 한다.

제2장

/

협동조직 이키이키이와미와 새로운 협동조합

1. 들어가며

협동조직은 생활 속에서 빈곤화에 대항하기 위해 생산 영역과 생활 영역에 만들어진 상호부조 조직이다. 상품경제가 생활세계 전반에 침투한 상황에서 개개인의 자립을 목표로 한다는 점에서 공동조직(공동체)과는 다르다. 협동조직은 자본주의의 발전과 함께 노동조합, 협동조합, NPO법인 등 다양한 결사체 형태로 만들어졌다.

농협이나 생협 등 전통적 협동조합의 조합원 조직은 결사체로서의 협동조직이라고 볼 수 있지만, 판매나 구매 등 시장 조건의 개선을 목표로 하는 협동, 즉 판매 협동이자 구매 협동에 주안점을 둔 조직이다.

최근에 등장한 새로운 협동조합은 생활·복지 영역이나 지역 만들기 영역에서 협동을 만들어내며 공익성이 매우 높다. 현대사회에서는 농촌지역에서도 전통적 공동체가 쇠퇴하고 상품경제가 침투하면서 개별화가 진행되어 협동의 재생이 새로운 생활의 과제가 되고 있다.

이 장에서는 새로운 협동조합의 형성을 검증하는 사례로 시마네(島根) 현 이와미(石見) 마을[현 오난(邑南) 마을][1]의 협동조직인 '이키이키 이와미(いきいきいわみ)'를 살펴보려 한다. 이키이키이와미는 이와미 마을의 인구 감소와 고령화가 심각해진 가운데 협동을 통해 고령자 보호와 생활지원을 실천하는 공익성이 높은 조직이다. 전통적 공동체가 사라져가는 상황에서 행정기관이나 다양한 자원봉사단체와 네트워크를 만들고 협력하면서 지역 만들기에 힘썼다. 이키이키이와미는 이탈리아의 사회적 협동조합과 유사하며 새로운 협동조합의 시작이라고 볼 수 있다.

여기에서는 협동조직 이키이키이와미의 형성 과정과 활동 내용을 실증적으로 분석하고 그 특징을 정리함으로써 새로운 협동조합의 형성에 대해 고찰한다.[2]

2. 이와미 마을의 개요와 지역 만들기

1) 이와미 마을의 개요

이와미 마을의 면적은 137.4km²이며, 평탄부의 해발고도는 150~

300m이다. 600~800m 높이의 산으로 둘러싸인 분지이며, 온도의 연간 격차가 상당히 큰 산간지 특유의 기후를 보인다.

1955년 쇼와(昭和) 대합병 당시에는 인구 1만 1162명(2286가구), 고령화율 8.8%였으나, 이후 매년 인구가 줄어 1970년 인구조사에서는 인구 7647명(2068가구), 1가구 3.70명, 고령화율 16.0%로 조사되었다. 2000년에는 인구 6484명(2057가구), 1가구 3.15명, 고령화율 32.9%로 저출산·고령화가 빠르게 진행되고 있음을 알 수 있다.

이와미 마을은 제2차 세계대전 이후 일관되게 산미(産米)제일주의를 고수했다. 1970~1975년에 전업농가는 247호(15.6%)에서 131호(9.3%)로, 제1종 겸업농가는 773호(48.8%)에서 257호(18.1%)로 격감한 반면, 제2종 겸업농가는 565호(35.6%)에서 1028호(72.6%)로 급증했다. 2000년에는 전업농가가 148호(14.0%), 제1종 겸업농가가 52호(4.9%), 제2종 겸업농가가 861호(81.1%)로 집계되었다.

2) 지역 만들기의 토대 형성

이와미 마을은 메이지(明治) 시대부터 다이쇼(大正) 시대에 걸쳐 객지벌이(出稼ぎ)가 급증했으며, 해외 이민을 포함해 전출자가 계속 증가했다. 1970년대에 이와미 마을은 객지벌이를 하지 않아도 되는 마을을 목표로 전출을 막기 위해 노력했다. 적극적으로 기업을 유치하고 포장 정비와 농업의 기계화를 추진하는 등 '농공병진(農工並進)의 마을 만들기'를 전개했다. 그러나 농업의 근대화는 고령자를 농업에

서 배제하고 여성의 겸업을 초래했고, 농가이면서도 외부에서 채소를 구입해야 하는 사태를 불러왔다. 이에 불안을 느낀 주민들은 고령자의 일자리와 활동 공간을 만들기 위해 후레아이(ふれあい)* 농원 설립과 채소 자급 운동을 추진했다. 한편 1980년대에는 포장 정비로 인한 지력 감소가 뚜렷해졌다. 위기감을 느낀 농가·농협·마을 3자는 마을 전체가 유기농업을 실천하고 채소 자급 운동을 발전시켜 생협히로시마와 산지직거래를 시작했다.

이것이 이와미 마을에서 지역 만들기의 토대를 어떻게 형성해왔는지에 대한 대략적인 내용이며, 구체적인 내용은 다음과 같다.

후레아이 농원은 1978년 농협으로부터 토지 4000m²를 무상으로 빌려 평균 연령 76세의 노인 30명이 모여 만든 협동경영농장이다. 생산물은 소두, 감자, 편백나무 묘목 등이었고, 당시 연간 200만 엔의 매출을 올렸다. 참가자의 반이 농사를 짓고 나머지 반은 모임에만 참가했지만 수당은 모두가 균등하게 나누어 가졌다. 당시 간사는 그 이유를 다음과 같이 설명했다. "노인 분들이 더운 날이나 추운 날에도 이곳을 찾는 것은, 할아버지들은 서로 고향 친구들이기 때문이고, 할머니들은 이 마을에 시집와 여기에 정착했기 때문이다. 다들 다양한 인생을 살아왔다. 기쁨과 슬픔, 아픔을 공유해온 동료들이다. 일을 '하고 안 하고, 잘하고 못하고'로 구별할 수 없다."

후레아이 농원은 어르신들이 삶의 보람을 느끼는 장소가 되었다.

• '접촉, 맞닿음, 교류'를 의미한다.

경쟁사회의 기준에 길들여져 있던 농협의 생활지도원들은, 노인 문제는 효율성의 잣대가 아닌 한 사람 한 사람을 존중한다는 관점으로 접근하는 것이 중요하다는 것을 깨달았다.[3] '인간 존중의 복지 관점'은 생활지도원들을 통해 점차 지역으로 스며들었다.

후레아이 농원이 개설된 지 몇 년 후부터는 이와미농협 부녀회(石見農協婦人部)와 히로시마 시내를 중심으로 활동하던 생협히로시마 간의 교류가 시작되었다. 히로시마에서 열리는 생협축제나 이와미 마을에서 열리는 교류회에 참가하면서 사람과 사람의 교류를 2년 동안 이어갔다. 이후 농협 부녀회가 자급하기 위해 생산하던 유기농 채소의 잉여분을 생협에 공급하면서 '와케아이(分けあい)* 산지직거래'가 시험적으로 시작되었고, 산지직거래가 본격화되었다. 1980년대 후반부터 와케아이 산지직거래는 계절 채소를 7~8종 담는 '채소상자' 방식으로 바뀌었다. 채소상자 방식은 노인들의 세세한 수작업을 필요로 했기 때문에 후레아이 농원의 축적된 경험과 인력이 요구되었다. 이에 후레아이 농원은 채소상자 작업을 전면적으로 지원하기 위해 발전적으로 해체했다. 그리고 후레아이 농원에서 얻은 깨달음인 '인간 존중의 복지 관점'은 이후 20년 동안 지역 만들기와 이키이키이와미의 사고방식의 토대가 되었다.

농업의 근대화는 소품종 대량생산, 생산지의 대규모화, 생산과 소비 간 거리 확대를 야기했다. 이와 반대로 채소상자 방식은 '소품종 대

* '나눔'이라는 뜻이다.

량생산'에서 벗어나 '다품종 소량생산'을 가능하게 하고 생산과 소비
간 거리를 좁혔다.

당시 이와미 마을은 인구 감소에 고령화가 더해져 일정 규격의 농
산물을 대량으로 출하하는 것이 곤란했다. 그런데 다품종 소량생산
방식은 노인이나 여성이 주된 생산자가 된 겸업농가의 생산 형태와
맞아떨어졌고, 농가의 생산 의욕 제고와 소득 향상으로 이어졌다. 그
리고 생산자와 소비자가 서로 얼굴이 보이는 관계를 맺을 수 있도록
했다.

이처럼 농가와 농협, 마을, 생협은 생산 · 가공 · 유통의 대형화에
따른 생산-소비 사이의 거리 확대를 막고, 생산자와 소비자 사이의 인
간적 관계를 회복하며, 노인과 여성이 담당하는 생산 형태를 우선하
는 지역 만들기를 추진해왔다. 나가타 게이주로(永田惠十郞)는 자신의
책[4]에서 "아직 시작이긴 하지만 지금까지의 산지직거래 활동은 겸업
농가, 노인, 여성의 활력을 이끌어냈을 뿐 아니라, (인간의 재생산을 통
한 노동력의 자립화 및 수준 향상) 다원적인 판매 · 유통 시스템을 구축
했다. 그리고 생협히로시마와의 산지직거래는 합리적인 지역 농업의
형성과 결부된 공익적 기능의 국민적 이용의 한 형태라 할 수 있을 것"
이라고 평가했다.

또 스즈키 아야키(鈴木文熹)는 지역 만들기에 대해 "경제적으로는
마이너스 성장이어도 인간과 인간의 관계가 무너지지 않도록 한다.
인간과 자연의 관계 만들기는 지역 만들기의 근간이다. 인간과 인간
의 관계에서 경쟁은 사회 분열의 모습을 띠는데, 이에 대항하는 차원

에서 서로가 있는 그대로를 인정하는 관계를 만들어야 한다는 과제를 삶의 토대에 두는 것이 요구된다"라고 정리한다.[5] 후레아이 농원과 채소 자급 운동, 생협히로시마와의 산지직거래가 스즈키 아야키가 말하는 지역 만들기와 일치한다.

이와 같은 과정을 거쳐 이와미 마을은 지역 만들기의 토대를 다졌다. 한편 1990년대에 들어서 이와미 마을의 고령화는 더 심각해졌다. 독거노인이 증가했고, 시부모를 돌보는 데 지친 장남의 부인 세대의 문제 등 지역사회의 고령화로 인한 사회문제가 심화되었다. 이 같은 고령화 문제에 대응하기 위해 장남의 부인 세대가 주도적으로 결성한 것이 협동조직 이키이키이와미이다.

3. 이키이키이와미의 형성 과정

이키이키이와미는 중장년층의 여성들을 중심으로 1992년에 발족했으며, 2003년 현재 회원은 311명이다. 고령자를 보살피고 생활을 지원하는 것을 목적으로 하며, 마을 전역을 무대로 하는 협동조직이다. 이 절에서는 이키이키이와미의 탄생 배경과 형성 과정에 대해 살펴보기로 한다.

1) 배경

1985년의 플라자합의(Plaza agreement) 이후 일본의 자본주의는 본격적인 글로벌화의 길을 걷기 시작했고 국내 농업은 축소·재편 과정에 들어갔다. 이러한 상황에서 1980년대 후반부터 시작된 생협히로시마와의 산지직거래는 이와미 마을의 농업이 축소되는 것을 막는 데 크게 기여했지만, 1990년대에 들어서는 고령화와 인구 감소 문제가 심각해졌다. 이와미 마을은 1980년대까지 고령화율이 20%대였으나 1990년대가 되면서 한순간에 30%대에 돌입했다.

그리고 노인을 모시는 중심 역할을 했던 장남의 부인 세대가 1980년대 후반부터 농사일과 시부모 간병으로 인한 과로로 쓰러지는 일이 많아졌다. 여성들은 이런 현실이 당시 노인만의 문제가 아니라 자신들 미래의 문제임을 인식하지 않을 수 없었다.

2) 시기 구분

(1) 전 단계

1990년 '고령자 보건복지 추진 10개년 계획(일명 골드플랜)'이 책정될 무렵, 농협의 사회복지사(ケアワーカー)*는 노인복지 활동의 제일선을 담당하는 인적 자원으로서 1990년대 초반부터 전국 농협에서 조

•   국가자격자인 개호복지사를 말한다.

직적으로 양성되었다.

농협 생활지도원과 장남의 부인 세대는 장래에 서로 돕기 위해서는 먼저 돌봄 리더를 양성하는 연수가 필요하다는 데 생각이 미쳤다. 당시 농협이나 남성들은 이 연수에 전혀 관심을 보이지 않았지만 위기의식을 느낀 여성들은 이를 적극 추진했다.

1992년 1월, '다스케아이(助け合い)* 활동가 양성 강좌' 제1기 연수가 시작되었다. 연수 내용은 노인·장애인 복지, 심리, 돌봄, 의학에 관한 기초 지식 학습, 조리 실습, 시설 견학 등이었으며, 3월까지 8일간의 일정으로 진행되었다. 연수가 끝난 3월 말에는 수강생 전원이 3급 헬퍼 자격을 취득했다. 수료생들은 강좌에서 얻은 지식과 기능을 활용해 사회에 도움이 되고자 사회복지협의회의 협조를 얻어 당시 이와미농협 안에 사무국을 두고 1992년 5월 26일 이키이키이와미를 발족했다.

발족 당시 지자체로부터 "마을에서 이만큼 복지 행정에 힘을 기울이고 있는데 아직도 부족하냐"라는 비난을 받았지만, 당시에 지자체는 지금과 같은 24시간이 아니라 9시~17시에만 서비스를 지원했다. 결국 나머지 16시간을 누가 지원할 것인가가 주민들 사이에서 문제였던 것이다. 주민들은 나머지 16시간 동안 어르신들의 생활을 보살피고 지원하기 위해서는 지역에 살고 있는 사람들이 안테나 역할을 할 필요가 있다고 생각했고, 이 역할을 이키이키이와미 회원이 맡기로

* '서로 돕는다'는 뜻이다.

〈표 2-1〉 제12회 이와미 마을 다스케아이 활동가 양성 강좌(2003년)

	강좌명	강사
1월 23일(목)	· 개강식, 오리엔테이션 · 심리 지원 방법 · 재가복지 서비스 개론	모리야마 가즈토시(니시가와 의료상담실 실장) 이토 도모코(국제의료복지전문학교 이즈모교 교무주임)
1월 24일(금)	· 재가복지 서비스의 공통 이해 · 공감적 이해와 기본적 태도의 형성	오타 아케미(이와미 마을 사회복지협의회 계장) 다테 가즈키(이와미 마을 사회복지협의회 차장)
2월 7일(금)	· 데이서비스 견학 · 노인복지의 제도와 서비스 · 서비스제공의 기본관점	오가사와라 시로리코(계장) 와다 게이코(이와미 마을 사무소 건강복지과 계장) 다나카 료코(국제의료복지전문학교 이즈모교 교무부장)
2월 8일(토)	· 서비스 이용자의 이해 · 가사지원 방안	다케자키 후미코(이와미 마을 사회복지협의회 지역복지활동 코디네이터) 아마가와 히사에(이와미 마을 사회복지협의회 헬퍼), 데라모토 게이코(영양사)
2월 21일(금)	· 재택돌봄지원센터의 현실 · 장애/아동복지 제도와 서비스	와다 게이코(이와미 마을 사무소 건강복지과 계장) 시로스가 고도부키(이와미 마을 사무소 건강복지과)
2월 22일(토)	· 돌봄개론 · 의료기초지식	자야마 지에코(히로시마 시 장수사회문화협회 이사장) 오쿠마 신(나카노 오쿠마 의원 원장)
3월 11일(화)	· 방문간호의 실제 · 돌봄기술입문	마에다 요시에(방문간호스테이션 간호사) 오야 야에코(산요간호전문학교 강사) × 2단위
3월 12일(수)	· 돌봄기술입문 · 재가복지 서비스 제공 현장 방문	오야 야에코(산요간호전문학교 강사) × 1.5단위 이와미 마을사회복지협의회(수료식)

주: 1) 강좌는 매년 농한기인 1~3월에 실시.
　　2) 직장인을 위해 토요일 강좌를 도입. 단, 일요일은 집안일이 바쁜 관계로 제외.

한 것이다.

다스케아이 활동가 양성 강좌를 간단히 살펴보자. 〈표 2-1〉에서 알 수 있듯이 8일 일정으로 1~3월의 농한기에 실시한다. 강사는 지역을 잘 아는 사람이 맡고, 마을의 구체적인 사례를 통해 설명하는 방식으로 진행한다. 이렇게 하면 수강생은 지역과 자신의 생활을 겹쳐 보고 지역을 더 가깝게 느낀다. 기술 연수 역시 이와미 마을의 실태를 도처에서 알 수 있도록 고안했다. 직장인들을 위해 토요일 강좌도 개설했다. 가사를 돌봐야 하는 사정을 반영해 일요일은 강좌를 열지 않았다.

강좌 내용은 이와미 마을의 복지 실태, 복지나 돌봄에 대한 전문 지식과 기술의 습득, 인간 존중과 사람에 대한 따뜻한 시선(〈표 2-1〉둘째 날의 '공감적 이해와 기본적 태도의 형성' 강좌)을 중점에 두고, 다스케아이 활동가의 기본을 배울 수 있도록 구성했다. 수료생이 수강 전보다 조금이라도 많이 지역에 대해 알고, 전문 지식을 쌓아 타인을 배려하고 이해하길 바라는 마음을 기초로 강의 내용을 고안했다. 그야말로 지역복지 담당자 양성 강좌인 것이다.

(2) 제1기: 토대 형성기

1992~1994년 3년간은 이키이키이와미의 토대를 형성하는 시기였다. 2008년에 활동했던 리더들은 이 시기에 다스케아이 활동가 양성 강좌를 수료한 회원들이다. 이들은 다른 사람에게 도움을 주려는 자원봉사 의식도 강하여 수료 이후 거의 전원이 이키이키이와미에 가입했다.

1992년의 이키이키이와미 전체 예산은 9만 5000엔으로 매우 적어 회원들의 지출도 상당했다고 한다. 예산이 적었던 데다 회원 모두 경험이 많지 않아서 모임 차원에서 활동을 기획하는 경우가 많았다.

초기 3년은 다스케아이 활동가 양성 강좌에 드는 비용을 당시 후생성(후생노동성)이 전액 부담했기 때문에 수강료(교재비)를 받지 않고 진행했다.

이키이키이와미는 발족과 동시에 사회복지협의회*로부터 등록헬퍼제도에 가입해달라는 의뢰를 받았다. 헬퍼로 활동할 수 있는 회원은 여기에 등록하여 재택 돌봄, 기능 회복 훈련, 목욕 서비스 돕기, 노인의 안부를 확인하는 방문 활동 등 사회복지협의회의 지원 활동에 참여했다.

(3) 제2기: 지구 단위 활동 전개기

1995~1997년은 제1기에 형성된 토대를 바탕으로, 모임 전체가 하나로 움직이던 것을 다섯 개 지구로 나누어 지구별로 활동했다. 동네 차 모임을 비롯해 자치회 단위에서 하는 호노보노마루코회(ほのぼの丸子会)** 등 자발적인 활동이 늘어났다. 히요리(日和) 지구의 미니복지센터 쇼치노사토(勝地の里)***도 이 시기에 탄생했다. 즉, 이 시기는 이

• 사회복지협의회는 사회복지 활동을 추진하는 것을 목적으로 한 비영리민간단체이다. '사협'이라고 줄여 부르기도 한다.
•• 호노보노(ほのぼの)는 '어스름하게 밝아오는'이란 뜻이며, 마루코(丸子)는 지명이다.
••• 쇼치노사토(勝地の里)는 승리의 마을이라는 뜻이다.

키이키이와미라는 '커다란 협동' 안에 각 지역에서 회원의 주체성과 자발성을 바탕으로 한 다양한 '작은 협동'이 탄생한 시기였다. 그야말로 '커다란 협동 안에 작은 협동 만들기'의 전형적인 예라 할 수 있다. 또한 이때 각 지구가 돌아가면서 홍보지 ≪이키이키 소식(いきいき便り)≫(연 4회 발행)을 만들었고, 농협 직원을 통해 모든 가정에 배포했다. 제2기에도 활동가 양성 강좌의 수료생들은 거의 대부분 이키이키이와미에 가입했다.

이 시기에 활동가(워커) 양성 강좌에 대한 국가 지원이 없어졌기 때문에 JA와 사협, 보건센터로부터 지원을 받았다. 5년째부터는 JA, 사협, 보건센터의 지원도 받지 않고 마을에서 예산을 편성하여 2008년까지 지원했다. 1기는 무료 수강이었으나 2기부터는 교재비로 수강생에게 4000엔을 받았다.

이키이키이와미에 매년 30명씩 가입했으며, 6기생이 수료한 1997년 3월에는 회원 수가 186명으로 늘었다. 남성들도 조금씩 수강하기 시작해 6년간 여덟 명이 수료했다. 2기 후반에는 마을에 자원봉사추진협의회가 발족되어 이키이키이와미와 연계하기 시작했다.

(4) 제3기: 지역사회와의 연계기

1998~2003년 6년간은 지역사회와의 연계가 더욱 강화된 시기이다. 이 시기에는 다른 자원봉사조직과의 연계가 더 활발히 추진되어 횡적인 네트워킹이 이루어졌다. 마을과 사협과의 연계도 강화되어 이키이키이와미를 중심으로 마을 전체가 활동을 전개하면서 시민들로

〈표 2-2〉 양성 강좌 수료자와 이키이키이와미 가입 상황

(단위: 명, %)

시기 구분	기수(수료연도)	수료자 수	가입자 수	가입율	가입 누계
토대 형성기	1기(1992.3)	23	28	100.0	28
	2기(1993.3)	33	32	97.0	60
	3기(1994.3)	41	40	98.0	100
지구 단위 활동 전개기	4기(1995.3)	30	29	96.7	129
	5기(1996.3)	30	29	96.7	128
	6기(1997.3)	29	28	96.6	186
지역사회와의 연계기	7기(1998.3)	28	22	78.6	208
	8기(1999.3)	23	18	78.3	226
	9기(2000.3)	38	29	76.3	255
	10기(2001.3)	32	24	75.5	279
	11기(2002.3)	31	21	67.7	300
	12기(2003.3)	33	21	63.6	321

주: 이 중 10명은 사망 등의 이유로 탈퇴 처리.
자료: 사협 수료자 자료와 이키이키이와미 회원 명부를 바탕으로 필자가 작성.

부터 확실한 지지를 얻었다.

한편 수료생들의 의식이 조금씩 바뀌면서 수료생이 이키이키이와미에 가입하는 비율이 떨어지기 시작했다(〈표 2-2〉 참고). 이와 관련해 두 가지 이유를 생각해볼 수 있다. 첫째, 젊은 세대는 양성 강좌를 취업을 위한 자격 취득으로 여겨 계속해서 1급·2급 헬퍼 자격을 따려고 했다. 둘째, 조직에 얽매이기 싫어하는 사람이 늘어났다.

수강생 수에도 변화가 있었다. 10대 수강생은 0명에서 네 명으로 증가한 반면, 40대는 49명에서 25명으로 반이나 줄었다. 남성은 여덟 명에서 열다섯 명으로 두 배 증가했다. 젊은 층과 남성의 등록이 증가했지만 종합적으로 봤을 때 중심은 여전히 50~60대 여성이었다.

지금까지 이키이키이와미의 형성 과정을 시기별로 정리해보았다. 앞으로 새로운 단계로 한층 더 발전하리라 기대해본다.

수강료 4000엔을 지불하더라도 지역과 돌봄에 대해 배워 자신의 미래는 물론, 어딘가에 도움이 되고자 하는 사람들이 늘어났고, 마을의 인적 자원은 착실히 축적되었다. 다른 지자체에서는 이런 종류의 양성 강좌가 2~3년 만에 없어지는 경우가 많았는데, 이와미 마을에서는 모집 공고가 나면 일주일 만에 마감되었다. 이는 양성 강좌가 주민들 안에 확실히 자리 잡았음을 보여준다. 마을은 어려운 재정 상황에도 양성 강좌에 대한 지원을 계속했고, 이키이키이와미 회원은 점점 늘어났다. 마을 주민의 의식도 변화했다. 특히 정년퇴직한 남성이 늘고 있다는 사실은 주목할 만하다.

4. 이키이키이와미의 조직과 운영 및 재정

1) 조직

이와미 마을은 2003년 3월 말 현재, 다섯 개 지구, 21개 자치회, 38개 반, 2054가구, 6143명(6개의 복지시설을 포함하면 2424가구, 6514명), 고령화율 33.1%이다(〈표 2-3〉 참고). 이키이키이와미의 회원은 2003년 7월 현재 311명이다. 연회비는 1500엔이며, 가입 조건은 이와미 마을 다스케아이 활동가 양성 강좌 수료생으로 한정했다. 지구별 회원 현황은

<표 2-3> 인구구조와 이키이키이와미의 회원 현황(2003년)

(단위: 호, 명, %)

지구	호수	인구	고령자 수	고령화율	독거노인	회원
이하라(井原)	299	924	331	35.8	39	57
나카노(中野)	530	1,509	484	32.1	41	79
야가미(矢上)	299	2,408	715	29.7	66	103
히요리(日和)	178	572	207	36.2	18	42
히노이(日貫)	248	730	298	40.8	36	30
합계	2,054	6,143	2,035	33.1	200	311

자료: 이와미 마을 요람(石見町勢要覧)과 이키이키이와미 제12차 정기총회 자료를 바탕으로 필자가 작성.

〈표 2-3〉과 같고, 노인 6~7인당 한 명의 회원이 있음을 알 수 있다.

2) 운영 및 재정

이키이키이와미는 회원들이 거주하는 곳 주변에서 주체적이고 자발적인 활동을 펼칠 수 있도록 회칙을 〈표 2-4〉와 같이 최소한으로 하여 구속을 줄였다.

총회는 연 1회 3월에 개최하며, 1년간의 활동을 보고하고 내년도 방침을 결정하는데 총회에서는 큰 틀만 확인한다. 임원회의(각 지구에서 두 명씩 선출, 회장을 포함해 11명)는 필요에 따라 연 2~3회 개최한다.

지구의 활동 방침은 총회가 끝난 후 각 지구에서 결정한다. 각 지구의 결산은 지구에서 보고하고 총회에서는 보고하지 않는다.

회원 1인당 연회비는 1500엔으로 총액은 매년 50만 엔 전후이며 재정 수입의 약 75%를 차지한다(〈표 2-5〉 참고). 그 외에 농협에서 10만

〈표 2-4〉 이키이키이와미 회칙

> **· 명칭 및 소재지**
> 제1조 본회는 '이키이키이와미'라고 하며, 사무국을 시마네오치농업협동조합 이와미지소에 둔다.
>
> **· 회원**
> 제2조 본회는 이와미 마을 다스케아이 양성 강좌의 수료자, 그리고 본회의 취지에 동의하는 자로 조직한다.
>
> **· 목적**
> 제3조 본회는 고령자 사회를 대비해 서로 돕는 활동의 지역 네트워크를 추진함과 동시에 회원 연수와 상호 친목을 도모하는 것을 목적으로 한다.
>
> **· 활동**
> 제4조 본회는 제3조의 목적을 달성하기 위해 다음의 활동을 한다.
>   ① 지역복지활동 개발, ② 지역복지활동 지원, ③ 연수회 개최, ④ 기타
>
> **· 임원**
> 제5조 본회에 다음의 임원을 둔다(회장 1명, 부회장 2명, 운영의원 6명, 간사 2명 총 11명).

주: 이키이키이와미 회칙 중 제1조~제5조를 발췌.
자료: 이키이키이와미 정기총회 의안서(通常総会議案書).

〈표 2-5〉 이키이키이와미 수지예산(2003년)

(단위: 엔)

수입		지출	
전기이월금	231,656	총회비	80,000
회비	495,000	활동비	750,000
	(1,500엔×330명)	사무비	10,000
지원금	150,000(농협, 사협)	임원수당	25,000
잡수입	6,250	예비비	17,907
합계	882,907	합계	882,907

자료: 이키이키이와미 제12차 정기총회 자료.

엔, 사협에서 5만 엔, 합계 15만 엔의 지원금을 받았다. 전체 활동보다는 각 지구의 활동을 중시하기 때문에, 일단 징수한 회비는 총회비나 자원봉사보험료 이외에는 〈표 2-5〉와 같이 각 지구의 활동비로 되돌

려주었다(일률적으로, 8000엔 + 700엔 × 회원 수). 설립 첫해 예산이 9만 5000엔이었는데, 2003년 88만 2907엔으로 아홉 배 커졌다.

5. 이키이키이와미의 활동과 특징

1) 마을과 지구 단위의 활동

이키이키이와미가 함께하는 활동은 가사 지원(청소, 풀 뽑기, 벌집 퇴치 등), 어르신 안부 확인, 경로회 참가, 돌봄과 관련된 공부모임 등이 중심을 이루는데, 발족 당시부터 '사쓰키회(さつき会)'와의 교류를 계속해왔다. 사쓰키회는 1975년에 독거노인을 대상으로 회원 간의 교류와 봉사활동을 위해 설립되었는데, 마을에 사는 독거노인 대부분이 회원이었다. 사쓰키회와는 건강공원의 풀 뽑기, 배식 서비스 안내장 만들기 및 이용 권유를 위한 방문 등을 함께하며 교류했다.

최근 이키이키이와미 활동의 중심이 각 지구로 옮겨졌기 때문에 각 지구별로 창의적으로 고민하면서 활동을 펼쳤다(〈그림 2-1〉 참고). 주요 활동은 독거노인이나 장애인과의 교류, 직접 만든 요리 선물, 학습회 사쓰키회와의 교류, 배식 서비스 안내장 만들기, 홍보물 만들기, 지역행사 참가 등 다채로운 활동을 추진했다.

홍보지는 1996년부터 연 4회 발행되고 있으며, 농협 직원을 통해 전 세대에 배부한다. 편집은 다섯 지구가 돌아가면서 맡고 있다.

〈그림 2-1〉 각 지구(이전의 촌)의 활동

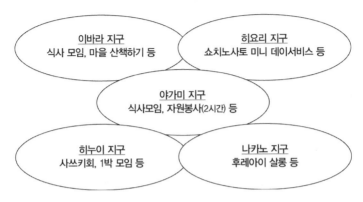

자료: 각 지구의 활동을 바탕으로 필자가 작성.

2) 동네에 뿌리내린 자발적인 활동의 전개

회원들은 지구에서 하는 활동 외에도 일상에서 자신이 사는 동네나 자치회를 단위로 자발적으로 독거노인이나 어르신들을 보살피고(세탁물, 우편물 확인 등), 회원이 없는 동네도 두루 살피기 위해 안테나를 가동시켰다.

혼자 할 수 있는 일은 혼자 하고, 혼자 할 수 없는 일은 둘이 해보고, 그래도 할 수 없을 때는 동네 전체나 자치회 단위에서 실행한다는 것이 회원들의 공통 인식이다. 회원들은 '할 수 있는 사람이, 할 수 있는 일을, 할 수 있을 때에 한다'를 신조로, 주어진 상황에서 무리 없이 유연하게 대응한다. 또한 회원들은 강한 의무감보다는 자신도 함께 즐긴다는 마음으로 임한다. 이로써 어르신들이 스스럼없이 무엇이든 상담할 수 있게 하고, 마음을 터놓고 대화를 즐길 수 있게 하는 신뢰가 생겨 관계가 더 끈끈해진다.

아래에서는 이키이키이와미 회원들의 주체적이고 자발적인 활동을 동네, 자치회, 지구 단위로 나누어 모범사례를 소개하려고 한다. 첫째, 고령자 비율이 51.8%인 동네의 차 모임(お茶のみ会), 둘째, 타 지구보다 지리적 조건이 나쁘고 고령화가 많이 진행되었으나, 이키이키이와미의 회원이 적어 동네 단위로는 고령자 돌봄이 충분하지 않아 자치회 단위로 활동하는 호노보노마루코회, 셋째, 보편적인 사례인 이와미 마을 지구의 미니복지센터 쇼치노사토를 소개한다.

(1) 차 모임

나카노(中野) 지구는 자치회 네 개와 동네 17개로 구성되어 있으며, 인구가 1509명, 고령자 비율은 32.1%이다(〈표 2-3〉 참고). 그중에서 나카노 북구 자치회는 네 개 동네로 이루어져 있고, 주민 291명(그중 고령자인구 121명), 고령자 비율 41.6%로 나카노 지구에서 고령자 비율이 높은 편이다. 이 중에서도 특히 고령자 비중이 높은 동네는 주민 83명 중 43명이 고령자로 고령자 비율이 무려 51.8%에 달한다. 이곳에 사는 이키이키이와미의 회원들은 동네 주민들과 함께 후레아이 살롱이라는 차 모임을 오랫동안 가져왔다. 이 동네에는 2008년 현재 28가구가 살며, 이키이키이와미 회원은 11명이다. 1992년부터 차 모임(식사, 수다 모임 등)을 계속해왔다.

이 동네는 가구의 과반수가 이키이키이와미 회원인데, 나이가 들면

서로 돕는 것이 최고라고 생각하며 주민들이 자발적으로 가입했다. 그러나 일상에서는 이키이키이와미 회원이라는 사실을 거의 의식하지 않았다. 이들은 한 달에 한 번 정도 수다 모임을 열어 이와미 마을을 소개한 비디오를 보거나, 옛날이 되어버린 그리운 후레아이 농원의 모습을 담은 영상을 보았다. 영상에서 아는 사람이라도 나오면 분위기는 한층 고조되었다. 이러한 유대가 동네 안에 뿌리를 내리면서 서로 돕는 분위기가 강해졌다. 이키이키이와미가 만들어질 당시에는 회원도 적고 재정도 어려워서 각자 쌀을 가지고 와 이와미 마을 전통식인 가도 초밥을 만들어 독거노인에게 나누어 주었다고 한다. 2008년에는 회원도 늘고 재정도 풍부해져 재정 한도 내에서 잘 운영되는 모습이었다. 한 회원은 "앞으로 월 1회 함께 목욕도 하면서 이야기를 나누는 '장'으로 만들고 싶다"는 의견을 내기도 했다.

나카노 지구 중앙자치회에 있는 고마이(幸米)라는 동네는 주민 113명, 고령자 43명으로 고령자 비율이 38.1%인 곳이다. 이곳에서는 이키이키이와미 회원 일곱 명과 여성회가 함께 '고와회(幸和会)'를 발족하고 연 3~4회 식사 모임을 열거나 게임을 즐기는 자리를 만들었다. '동네 전체가 같이 즐기자'는 것이 고와회의 신조이다.

이키이키이와미 회원들은 온화하고 즐겁게 놀이를 한다. 그중 하나가 나카노 지구에서 행해지는 '제니타이코(錢太鼓)'* 행사에 참가하는

---

* 제니타이코는 이즈모 지역에서 오래전부터 전해 내려온 리듬악기로 대나무 통 속에 동전 세 개를 넣고 흔들어 소리를 낸다.

것이었다. 보통 12~13명의 회원이 모여 연습했는데, 놀다가 연습하다가 하는 느낌이었다. 서로 맞춰보고 싶은 사람이 있을 때 연습을 했다. 이 제니타이코 연습을 통해 회원 사이에 믿음이 쌓였다.

여기에서는 단지 하나의 사례를 소개한 것뿐이며, 다른 동네에서도 비슷한 모임이 많았다. 이키이키이와미 회원들은 여기저기에서 모여 대화의 장을 벌였다.

(2) 호노보노마루코회

히누이(日貫) 지구는 평야가 적고 정비되지 않은 다랭이논 지구여서 좁은 길이 많고 이동수단도 적다. 히누이 지구는 2008년 현재 5개 자치회와 17개 동네로 구성되며, 전체 인구는 730명(독거노인 31명)이다. 인구 감소율과 고령자 비율(40.8%)이 이와미 마을에서 가장 높다. 그중 요시와라마루코(吉原丸子) 자치회는 히누이 지구 남동부에 있으며, 요시와라(吉原), 스다레(簾), 간나와라(鉄穴原), 나루타키(鳴滝) 등의 동네가 있다. 인구는 190명(고령자는 79명), 고령자 비중은 41.6%이며 다섯 명의 독거노인이 거주한다. 요시하라마루코 자치회는 소(小)지역 복지 네트워크 활동(지킴이 활동을 중심으로 한 생활지원네트워크)의 지정 지역이기도 하다.

호노보노마루코회는 히누이 지구 요시와라마루코 자치회에 거주했던 50~60대의 이키이키이와미 회원 여덟 명이 중심이 되어 1997년 6월에 발족했다. 당시 사협에서 80대 이상 노인의 생활지원을 담당했는데, 75세 이상의 노인에 대한 지원이 충분하지 않았다. 사협이 마루

<표 2-6> 2001년 호노보노마루코회 활동

일정		활동 내용
2001년	4월 8일	꽃축제, 절(宝光寺) 공양
	5월 16일	페탕크(pétanque) 교실, 지구애호자 강사
	6월 17일	자치회 활동에 참가, 도로오토시와 바토쿠요 참가
	7월 18일	사쓰키회와의 교류회(교통안전 마스코트 만들기)
	8월 22일	수예 교실[호리키리(ほりきり) 서랍 마무리]
	9월 15일	경로회, 호노보노코러스 일성(一声)
	9월 26일	경로 온천(이코이 마을)
	11월 21일	중국 이야기[국제교류원 소속 이맹(李盟) 진행]
	12월 6일	도예 교실(쿠루미 오비엔), 송년회(이코이 마을)
2002년	2월 3일	자치회 활동 참가, 여성회 수예교실
	3월14일	마을사무소 건강복지과(건강교실), 공민관 활동(영화모임)

자료: 호노보노마루코회 자료를 바탕으로 필자가 작성.

코 자치회에 소지역 네트워크 미니 데이서비스를 해보지 않겠느냐고 제안했고, 이곳에 살고 있던 이키이키이와미 회원 여덟 명의 만장일치로 호노보노마루코회를 만들었다. 열세 명으로 시작해 2008년 현재 20명이 등록해 있으며, 다소 젊어도(60대) 희망하는 사람은 누구라도 받아준다.

　호노보노마루코회는 월 1회 정도 활동한다(<표 2-6> 참조). 이들은 단순히 함께 식사하고 대화를 나누는 것을 넘어서 조화 만들기 등 여럿이 협동하는 일을 의도적으로 진행하고, 배우는 활동을 중요하게 생각한다. 호노보노마루코회는 모임 차원에서 결정하기보다는 하고 싶어 하는 사람들이 스스로 계획하는 방식을 취했는데, 이 방법이 오래가기 때문이다. 모임 참가비는 점심 식대 600~700엔과 기타 다과비를 포함해 1회 1000엔이다. 배웅과 마중을 담당했던 이키이키이와미 회원들의 말에 따르면, 등록 회원들이 '오늘은 어떤 옷을 입고 멋을 내 볼까' 고민한다고 한다. 이 모임은 고령자들이 젊어지는 비결이었다.

등록 회원들은 "이키이키이와미 회원들에게 신세를 지고 있다는 느낌은 전혀 들지 않는다. 오히려 같은 지역에 사는 그들과 함께 즐기는 느낌이다", "여기에서 만나는 이용자들은 시집올 때부터 알고 지낸 사이다. 이 모임을 통해 다시 만날 수 있어 정말 기쁘다", "모임이 정말 기다려진다. 최근에 방문판매가 많아서 곤란했는데 이 모임에서 여러 가지로 도움을 받고 있다" 등의 의견이 있었다.

이키이키이와미 회원들은, "3급 헬퍼 자격증을 땄으니 이왕이면 자원봉사를 하고 싶었다. 이 모임에서 나는 이키이키이와미 회원이라고 의식해본 적이 거의 없다", "일상생활의 연장이라고 생각하고 부담 없이 사람들과 만난다. 그러다 보니 회원 중 누군가가 쉬겠다고 하면 걱정을 하면 했지 추궁하지 않는다", "할 수 있는 사람이, 할 수 있는 일을, 할 수 있을 때 하면 된다는 것이 모든 회원의 생각이다. 누군가를 보살핀다고 생각하기보다 스스로 온전히 즐긴다", "내일은 내가 이런 서비스를 받을 수 있다. 지금 할 수 있는 일을 할 뿐이다. 누군가를 기쁘게 하는 것이 삶의 보람이다"라는 이야기를 들려주었다. 이키이키이와미 회원들은 부득이하게 활동을 쉴 경우, 쉬고 돌아왔을 때 반드시 그 이유를 모두에게 알린다고 한다.

호노보노마루코회는 지역의 자치회와도 연계했다. 매년 6월에 자치회가 주최하는 도로오토시(泥落とし)와 바토쿠요(馬頭供養)*에 호노보노마루코회도 2001년부터 참가했다. 이 행사에는 청년단도 참가한

다(히로시마에서 일부러 귀성한 청년이나 아이들이 있다). 야외에서는 야키소바나 맥주 등을 팔기도 한다. 많은 사람이 모이는 그야말로 작은 축제인 것이다. 농업의 기계화로 공동 작업이 줄어들어 얼굴을 마주하는 일이 적어진 요즘, 자치회가 생긴 이래 계속된 6월의 도로오토시는 이제 지역에서 없어서는 안 될 즐거운 축제로 자리매김했다.

(3) 미니복지센터 쇼치노사토

이와미 마을 북서부에 있는 히요리 지구(자치회 3개, 동네 10개)는 인구 572명(마을에서 가장 적다), 고령자 비중 36.2%(마을에서 두 번째로 높다)인 작은 지구이다. 히요리 지구는 마을 사무소가 있는 야카미(矢上) 지구에서 거리가 멀고 고개를 넘어야 해서 과거에는 방문이 상당히 힘들었다. 1997년, 농도(農都) 터널 중에서는 일본에서 가장 긴 히요리 터널(2485m)이 완공되어 방문이 훨씬 편해졌다. 히요리 지구에는 독거노인 27명, 다섯 쌍의 노인 부부가 거주한다. 이와미 마을의 복지시설은 중심부이자 인구가 많은 나카노 지구나 이바라(井原) 지구에 집중되어 있었으며, 히요리 지구와 히누이 지구에는 없었다. 이런 상황에서, 이 지구에 기업을 유치하면서 들어섰던 봉제공장이 떠난 후 비어 있던 공간을 빌려 이키이키이와미 회원들을 중심으로 1995년 3월에 미니복지센터 쇼치노사토를 만들었다.

- 도로오토시는 진흙 떨어뜨리기, 바토쿠요는 경마 경기 중 죽은 말 등에게 공양하는 지역 전통 행사이다.

〈표 2-7〉 미니복지센터 쇼치노사토 활동(2001년)

	행사명	활동 내용
4월	벚꽃놀이	중앙자치회관 정원에서 벚꽃 모임, 식사 모임
5월	학습회	사협에서 마을 복지에 관한 이야기
6월	교류회	히요리 보육소와 게임 모임
7월	도자기 교실	구루미 학원과의 교류회
8월	꽃꽂이 교실	추석장식 꽃(배치)
9월	경로회	이코이 마을 시마네에서 식사 모임
10월	수다 교류회	비디오 감상 외
11월	후레아이회	히요리 초등학교 학습 발표회
12월	송년회	크리스마스 모임과 함께 산타클로스 선물 전달
1월	신년회	일곱 가지 봄풀로 만든 죽으로 점심식사 모임
2월	수다 교류회	비디오 감상 외
3월	입욕회	기리노유 온천에서 점심식사 모임

자료: 행사 보고서를 바탕으로 필자가 작성.

쇼치노사토는 히요리 지구의 65세 이상의 독거노인과 75세 이상의
어르신을 대상으로 서비스를 제공한다. 2008년 현재, 등록 이용자는
52명이며, 보통 35명 정도 참가한다. 원칙은 월 1회, 매월 세 번째 수
요일 모임인데, 사협과 겹치지 않도록 일정을 조정하기도 한다(〈표
2-7〉 참고). 죽을 때까지 건강하게 살자고 서로 다짐했지만 갑자기 별
세한 이용자도 있었다. 하지만 기쁜 소식도 있었다. 가벼운 치매 증상
이 있었던 등록 회원 한 명이 건강을 되찾은 것이다. 이 80대 할머니
는, 자녀들이 도시에서 귀향하기 전까지는 혼자 집안일을 챙기고 세
탁을 직접 하는 등 평범한 일상생활을 할 수 있었다. 그러나 자녀들이
돌아온 후, 위험하다는 이유로 못 하는 것이 많아지면서 집 안에서 할
일이 없어졌고 그때부터 치매가 시작되었다. 이후 할머니는 지인의

소개로 쇼치노사토를 찾았다. 사람들과 대화를 많이 나눈 덕분인지 얼마 지나지 않아 치매가 호전되었다. 한 달에 한 번 쇼치노사토에 오는 것이 그녀의 큰 기쁨이었다고 한다.

이런 일이 우연히 일어난 것은 아니다. 이런 사례는 이외에도 많다. 이시게 에이코(石毛鍈子)는 다음과 같이 말했다.[6] "예전에 요직에 있던 한 분이 부인을 잃은 후 치매 징후를 보이기 시작했는데 데이서비스(day service)에 참가하면서 건강을 되찾았다. 또 자택에서 90대까지 사시며 천수를 누린 어르신도 네 명이나 된다(오키나와 현 요미탄(読谷) 촌). 이 요미탄 마을에는 23개 아자(字)* 중 열일곱 곳에 데이서비스 이키이키건강센터가 개설되었는데, 그 결과 노인의료비가 감소하는 효과가 있었다(요미탄 촌 후생과)."

쇼치노사토는 치매를 예방하기 위해 다양한 방안을 강구했다. 쇼치노사토에서 진행하는 행사에서 손이나 손가락을 의식적으로 사용하게 하고, 대화의 물꼬를 트기 위해 실내에 옛날 사용했던 민속 가구나 도자기 등을 빼곡하게 진열했다. 과거에 사용했던 물건을 보면 자연스럽게 대화로 이어지기 때문이다. 등록 회원이 건강하고 즐겁게 대화하는 것은 자원봉사자들의 즐거움이기도 하다. 여덟 명의 이키이키이와미 회원은 "이 활동은 나의 즐거움이다. 누가 그만두라고 말해도 그만둘 수 없다"고 입을 모은다. 치매를 예방하기 위한 목적으로 만들어진 쇼치노사토는 등록 회원들과 이키이키이와미 회원들이 '수다'를

* 마을(町)이나 촌(村)보다 작은 행정구역 단위이다.

떨며 유대를 맺는 장이자 살아가는 의미가 되었다. 자원봉사를 하는 사람도 앞으로 10년 후면 등록 회원이 될 수 있다. "어차피 가야 할 길, 같은 입장"(한 회원의 감상)이라는 마음일지도 모른다. 바쁠 때는 여덟 명의 스태프 이외의 이키이키이와미 회원에게 도움을 청하기도 하는데 모두 흔쾌히 돕는다.

이키이키이와미의 한 남성 회원은 "요즘 세상에서는 무언가를 해줄 때는 기쁘지만 도움을 받을 때는 참 신경이 쓰인다. 그러나 노인은 언젠가는 반드시 젊은 사람의 도움을 받아야 할 때가 온다. 그때 돕는 사람이 돌보기 쉽게, 덜 힘들게 하기 위해 헬퍼 양성 강좌를 들어두면, 몸을 움직이는 법이나 돌봄 방법 등을 조금이라도 익혀두었기 때문에 돌보는 사람의 입장에서 자신의 몸을 자신의 의지로 움직일 수 있으니 돌봐주는 사람에게 도움이 될 것이다. 이것은 돌봐주는 사람에 대한 '배려'이기도 하다. 타인도 돕고 자신도 돕는 것이다. 이와미 마을 주민 전원이 헬퍼 양성 강좌를 수강한다면 이 얼마나 훌륭한 일이겠는가"라고 말했다.

쇼치노사토의 활동은 좋은 평가를 받아 2002년 시마네장수사회진흥재단(しまね長寿社会振興財団)으로부터 '고령자그룹표창'을 받기도 했다.

이와 같이 이키이키이와미의 활동은 서로 다른 조건에 놓인 노인들이 모두 참가할 수 있도록 문턱을 낮추려고 항상 노력했다. 조직 전체 차원에서 혹은 지구 수준에서 하는 활동 이외에 회원들의 자발적인 활동도 전개되었다. 이렇게 이키이키이와미는 지역에 확실히 뿌리내

렸고, '뭔가 곤란한 일이 있으면 이키이키이와미에 상담하자'는 신뢰 관계가 형성되었다.

3) 이키이키이와미를 중심으로 마을 전체가 함께하는 복지활동 추진

이키이키이와미의 활동은 동네, 자치회, 지구 단위의 활동을 받쳐 줄 뿐만 아니라 마을 전체의 활동을 지원했다. 회원들이 스스로 판단 하여 지역에서 주체적·자발적으로 활동을 펼쳤다는 것은 마을 전체 의 자원봉사활동을 추진하는 것이기도 했다.

그중 '호노보노네트이와미(ほのぼのネット石見)'와 '자원봉사활동추 진협의회'의 활동을 간단히 소개한다.

(1) 호노보노네트이와미

호노보노네트이와미는 주민들이 지금 힘들어하는 것, '만약 이런 것이 있으면 안심할 텐데' 하는 부분을 해결하는 데 활동의 중점을 두 며, 혼자 사는 어르신들을 보살피는 '지키미·안심' 활동, 장보기를 지 원하는 '히마와리(ひまわり) 서비스',* 유상자원봉사로(시급 500엔) 생 활지원 서비스를 제공하는 '홋도(ほっと)'** 등 세 가지로 이루어졌다 (〈그림 2-2〉 참고). 호노보노네트이와미가 지역에서 기능할 수 있는 것

---

*   '해바라기'라는 뜻이다.
** '후유 하고 안심하는 모양'을 뜻한다.

〈그림 2-2〉 호노보노네트이와미 조직도

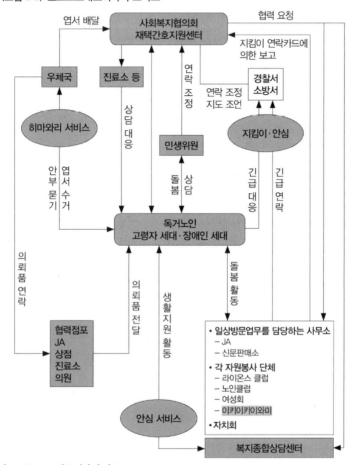

자료: 호노보노네트이와미 자료.

은 이키이키이와미 회원이 안테나를 세우고 정보를 제공하기 때문이
었다.

홋도 서비스를 이용하는 회원은 약 50명이었으며, 협력회원은 18~
90세까지 100여 명이었다. 협력회원 중 1/3이 남성으로 이키이키이
와미가 발족할 당시에는 관심을 보이지 않았던 남성들의 참가가 늘어
났음을 알 수 있다.

(2) 자원봉사활동추진협의회

자원봉사활동추진협의회는 자원봉사활동이 마을 전체에서 유기적
으로 이루어지도록 하기 위해 발족되었으며, 지역부회와 육성부회로
구성되었다(〈그림 2-3〉 참고).

지역부회는 '지역문제는 주민 스스로 해결한다'는 것을 목표로, '지
킴이 · 안심 네트워크', '히마와리 서비스 워킹팀', '홋도 서비스 워킹팀'
으로 나누어 활동했다. 〈그림 2-3〉에서처럼 이키이키이와미 회원들
의 활동을 바탕으로 활발히 활동했다.

육성부회는 지역주민 누구나 삶의 방식의 하나로 자원봉사활동을
할 수 있도록 지원했다. 이와미 마을에서는 개인이 자발적으로 자원
봉사를 할 수 있도록 자원봉사 수첩을 나누어주었다. 이것은 마을 주
민 모두가 오타가이사마 정신으로 지역문제를 해결해나가기 위해
1998년에 고안된 시스템이다. 이 수첩은 초등학교 1학년부터 죽을 때
까지 받을 수 있으며, 이 수첩을 받은 사람은 자동으로 자원봉사보험
에 가입되었다. 보험료는 고등학생 이상은 마을에서 반액을 부담했
고, 초 · 중 · 양호학교 학생은 전액을 부담했다. 아이들은 다양한 봉
사활동을 했다. 여름방학에는 마을 복지시설에서 봉사를 하거나 동네

〈그림 2-3〉 자원봉사활동센터 관계 위원회와 워킹팀

자원봉사활동 추진협의회(1996.7)		
민생아동위원회 총무(1명)	라이온스클럽 회장(1명)	경찰지역 과장(1명)
주임아동위원 대표(1명)	이키이키이와미 회장(1명)	JA지부장(1명)
초·중학교장 대표(1명)	자치회장 대표(1명)	마을사회교육 과장(1명)
노인클럽회장 대표(1명)	고등학교장(1명)	마을주민복지 과장(1명)
우체국장 대표(1명)	복지시설장 대표(1명)	사협
소방서 대표(1명)	부인회장 대표(1명)	

육성부회(1996.11)		지역부회(1996.11)	
고등학교장(1명)	초등학교장(4명)	가와모토 경찰서(2명)	마을 내 주재소(3명)
중학교장(1명)	양호학교장(1명)	소방이와미 출장소(1명)	우체국장(5명)
료쿠후엔(綠風園) 원장(1명)	도원 집소장(1명)	JA이와미 지소장(1명)	신문판매점(8명)
구리미엔(呂美園) 원장(1명)	이와미장애인직업시설(援産	라이온스클럽 회장(1명)	노인클럽회장(7명)
마을주민복지 과장(1명)	所) 소장(1명)	자치회장회 대표(1명)	이키이키이와미(5명)
보육소장(1명)	사회교육과장(1명)	여성회장(5명)	사협 사무국장(1명)
데이서비스 소장(1명)	이즈미 마을 지도원(1명)	민생아동위원회 총무(1명)	V센터 소장(1명)
사회복지 2계장(1명)	사회복지 1계장(1명)	데이서비스 소장(1명)	V코디네이터(1명)
주임 헬퍼(1명)	사협 전문직원(1명)	사협전문직원(1명)	
V코디네이터(1명)	V센터 소장(1명)		

수첩작성위원회 (1997.7)	지역복지추진위원회 (1998.6)	후레아이 마을 만들기 회의(1999.9) [호노보노네트이와미(1998.3)]	
초·중·고등학교장	이와미 히가시 초등학교 교	민생아동위원회 총무	JA시마네 오치 대표
현(縣) 사협	감, 교사	의회민생 상임위원장	직장 대표
각 학교 자원봉사 담당 교원	PTA 회장	가와모토 경찰 이와미 주재	신문판매점 대표
복지시설 대표	이와미양호학교장	대표	여성회 대표
이키이키이와미 대표	요쓰바 마을 각 시설과	소방이와미 출장소	노인클럽 대표
히요코클럽 대표	주임아동위원	우체국 대표	이키이키이와미 대표
우체국장 대표	이하라·나카노 공민관장	라이온스클럽 회장	마을주민복지과
V활동추진협의회장	이하라·나카노 각 자치회장	복지시설 대표	사협
교육위원회	이하라·나카노 노인클럽 회장	자치회장 대표	
마을주민복지과	사회교육과장		
사협	이하라·나카노 부인회장		
	사협		

지역 후레아이 학습 워킹팀(1998.9)	지킴이·안심 네트워크 (1998.8)	히마와리 서비스 워킹팀(1997.10)	지역복지추진위원회 (1998.9)
이와미 히가시 초등학교 교직원	가와모토 경찰서	히누이 우체국장	민생위원의회 여성부
이하라·나카노 공민과장	광역소방서	나카노 우체국장	라이온스클럽
이하라·나카노 자치회장	각 우체국	JA시마네 오치 이와미	자치회장협의회
이하라·나카노 부인회장	신문판매점	지소장	노인클럽
이하라·나카노 노인클럽 회장	JA시마네 오치	노인클럽 회장	여성회
사협	자치회	히누이 자치회장	이키이키이와미
	라이온스 클럽	이키이키이와미	JA여성부
	여성회	히누이 민생아동위원	료쿠후엔
	이키이키이와미	상공회	JA이와미 지소
	사협	사협	산업진흥과 정주계
			마을주민복지과 사협

자료: 이와이마을 사회복지협의회.

어르신 댁을 방문하여 창문을 닦거나 잡풀을 뽑기도 했다.

이런 활동을 통해 아이들은 지역을 몸으로 느꼈으며 어르신들과 사이도 좋아졌다. 아이들이 마을에서 봉사를 하면 어르신들에게 몇 가지 질문을 할 수 있는 기회를 상으로 준다. 어르신들은 이에 반드시 대답해야 하는 의무가 있다. 이를 통해 아이들은 어르신들과 교류하면서 지역의 역사나 문화를 배웠고, 봉사를 통해 지역에서의 자신의 역할이나 해야 할 일을 확실하게 인지하며 타인에게 친절하게 대하는 법을 학습했다. 아이들은 이와미 마을을 더 좋아하게 되었고 마을을 자랑스럽게 생각하는 사람으로 자랐다.

이렇게 이키이키이와미에서 시작한 활동은 지역에 새롭고 자발적인 활동을 만들어냈고, 지역사회와 그곳에 사는 주민들이 협동으로 서로를 받쳐주는 관계를 만드는 기회를 많이 제공했다. 이러한 모습으로 미루어보건대, 앞으로도 서로 신뢰하는 관계가 계속 만들어질 것이라고 생각한다. 이것이 바로 위기의식을 협동의식으로 바꾸어가는 모습이 아닐까?

(3) 이키이키이와미와 공적 헬퍼제도의 연계

이와미 마을은 2002년부터 마을에 사는 이키이키이와미 회원 여섯 명을 위촉하여 '이키이키헬퍼'를 시작했다. 이키이키헬퍼는 혼자 사는 어르신들의 안부를 확인하고, 건강 및 생활 관리에 대한 상담을 실시하여, 앞으로 돌봄이 필요한 사람이나 새롭게 돌봄이 필요한 사람을 조기에 발견하는 일을 했다. 대상은 대략 65세 이상의 혼자 사는 노

〈표 2-8〉 헬퍼의 목소리

- 방문판매를 피하려고(방문판매로 구입한 건강식품에 대해 37만 엔이 청구되어 힘들 어한 사람도 있었다) 처음에는 문을 닫아둔 세대가 많아 말을 걸기도 어려웠는데, 방 문이 익숙해지면서 이야기를 많이 나눈다. 지금은 우리를 기다린다.
- 80~90대라도 건강하게 사시는 분이 많고, 맨손으로 농사를 짓는 분도 많아 오히려 우리가 많은 위로를 받는다.
- 대화를 나누면서 여러 가지 생활의 지혜나 요리법을 알 수 있어서 공부가 된다. 오히 려 우리가 활기를 얻는 경우가 많다.
- 사쓰키회에서 즐거웠던 일, 배달되는 도시락에 대한 의견, 아이들 이야기, 건강에 관 한 이야기 등 화제가 다양하다.
- 대상자 90%가 여성, 10%가 남성이다. 여성 대상자와는 가볍게 차를 마시거나 이야 기할 수 있는데, 남성 대상자를 대하는 데 내가 서툴러서 걱정이다.
- 독거노인의 생생한 목소리(작은 목소리)를 대변해서 사무소에 전한다.
- 이 활동은 이후에도 계속하는 것이 좋다.

자료: 필자의 인터뷰 자료(일부 발췌).

인이나 노인만 사는 가구, 개호보험의 헬퍼 방문 혜택을 받지 못하는 노인이었다. 도우미 한 명이 담당하는 인원은 30명 안팎이며, 월 1회 방문했다. 방문 후 소정의 양식에 방문 기록을 적어 월 1회 개최되는 회의(마을, 사협, 주재소 등에 참석)에서 보고하고 상황을 공유했다. 참 고로 이키이키헬퍼의 시급은 500엔이었다.

이키이키헬퍼의 활동은 지역주민들에게 좋은 평가를 받았지만(〈표 2-8〉 참고), 재정상의 문제로 2006년에 폐지되었다. 이후 자발적으로 배 식 서비스를 겸한 안부 확인 활동이 전개되었다.

4) 이키이키이와미의 특징

　이키이키이와미의 특징은 다섯 가지로 정리할 수 있다. 첫째, 회원 자격은 지역주민이자 다스케아이 헬퍼 양성 강좌 수료생(3급 헬퍼)으로 제한했다. 양성 강좌는 이와미 마을 복지 실태와 돌봄에 관한 전문 지식 및 기술 학습, 공감적 이해와 기본 태도 형성에 대한 강좌 등으로 구성되었다. 양성 강좌는 단순한 헬퍼의 양성이 아닌 지역 만들기를 위한 인재 육성 학교의 역할을 맡았다. 회원 대부분이 수강 전후의 스스로의 모습을 돌아보며 자신이 상당히 변했다고 말하는 점에서 이를 확인할 수 있다. 먼저 수료생들은 돌봄 체험이나 '공감적 이해와 기본적 태도'에 대한 강좌 등을 통해 자신이 타인에게 친절해졌다고 느꼈다. 그리고 시설 현장 방문이나 재택돌봄 지원센터의 현황을 파악하면서 지역 생활 및 복지 실태를 더 잘 이해할 수 있게 되었고, 재택돌봄이나 돌봄, 의료 등의 전문적인 지식과 기능을 익히는 등 다양한 변화를 겪었다. 또 이키이키이와미에 가입한 후 지역주민과 함께 개호 예방(介護豫防),* 안심 생활 강좌, 방범 등 여러 활동을 적극적으로 실천했다.

　둘째, 이키이키이와미는 장남의 부인 세대가 협동하여 발족시킨 조직으로, 최근에는 젊은 여성이나 남성이 증가하기도 했지만 여전히

---

*　개호 예방은 돌봄이 필요할 정도로 몸이 약해지고 병들기 전에 건강을 지킬 수 있도록 하는 예방 조치를 말한다.

중심 회원은 중장년층 여성들이었다.

셋째, 모임 전체 차원에서 활동을 추진하는 일은 적고, 각 회원이 거주하는 동네나 지구에서 주체적이고 자발적으로 안테나를 세우고 협동 활동을 전개하는 일이 많았다. 이들은 어르신들을 보살피는 등 생활지원 활동을 펼쳤으며 다른 봉사단체와도 유기적으로 연계했다.

전체 모임은 각 회원의 주체적이고 자발적인 지역활동을 항상 격려하고 응원했다. 즉, 커다란 협동 안에 작은 협동을 많이 만들고 커다란 협동이 작은 협동을 격려하고 응원하는 것이다.

넷째, 이키이키이와미 활동의 중심은 지역 어르신들에 대한 지킴이 활동과 생활지원이지만, 여러 자원봉사 단체와도 활발하게 연계하여 높은 공익성을 띠었다.

마지막으로, 회칙은 필요한 것만 최소한 규정하기 때문에 구속성이 매우 낮았다. 또 '할 수 있는 사람이, 할 수 있는 일을, 할 수 있는 때 한다'를 신조로 누구나 즐겁게 참여할 수 있도록 문턱을 낮추려고 노력했다. 무슨 일이든 무리하지 않고 유연하게 대응하는 유능제강(柔能制剛) 조직이라고 할 수 있다.[7]

6. 새로운 협동조합의 형성

1) 지역 만들기와 이키이키이와미

이와미 마을은 1970년대 객지벌이를 하지 않아도 되는 마을을 목표로, 농공병진의 기치를 내걸고 기업 유치와 포장 정비, 기계화 등을 통해 농업구조의 전환을 도모했다. 그 결과, 겸업농가가 증가했고, 농사를 지으면서도 채소를 구입해야 하는 상황이 벌어졌다. 기계 도입으로 오히려 거추장스러워진 노인들이 농사에서 배제되는 일도 발생했다. 이에 대한 반성으로 1970년대 후반부터 채소 자급 운동이 전개되었고, 후레아이 농원이 만들어졌다. 1980년대에는 마을 전체가 유기농업을 실시하고, 생협히로시마와의 산지직거래를 전개했다. 유기농업과 산지직거래로 어느 정도 농업의 축소를 저지할 수 있었다. 하지만 1990년대에 들어서면서 고령화가 급격히 진행되었고, 돌봄과 노인 생활지원이 현실적인 문제로 부상했다.

이와 같은 지역 만들기 활동의 변천 속에서, 장남의 부인 세대를 중심으로 발족한 이키이키이와미는 지역사회 내에 어르신들의 지킴이 활동과 생활지원을 목적으로 한 공익성이 높은 협동조직을 만들었다. 또한 후레아이 농원 활동으로 깨달은 '인간 존엄을 위한 복지' 관점은 이키이키이와미의 공통 관점이 되었으며 회원들 마음속에 계속 살아 있다. 구체적인 활동으로는 차 모임이나 미니 데이서비스 등이 있는데, 지역에 사는 다양한 주민들이 무리 없이 편안하게 참가할 수 있도록 항상 문턱을 낮추려고 노력했다. 이키이키이와미는 전통적 공동체가 쇠퇴하는 문제에 직면하여 행정기관이나 타 자원봉사 단체와 연계했고, 그야말로 여러 사람이 함께하는 마을 만들기 담당자로 주목받았다.

2) 새로운 협동조합의 형성

이키이키이와미의 활동과 조직 성격에서 새로운 협동조합의 싹을 볼 수 있다. 나카가와 유이치로와 다나카 나쓰코가 정리한 이탈리아의 사회적 협동조합(새로운 협동조합)과 이키이키이와미의 활동이 매우 비슷하다.

우선 나카가와는 협동조합이 '커뮤니티의 질'과 '생활의 질'을 향상시키기 위해 노력해야 한다고 지적한다. 다양한 모습의 타인과 차이를 받아들일 수 있는 능력, 즉 수용적 능력과 자신들의 커뮤니티를 지속시키고 발전시키려는 능력, 즉 자발적 능력이 중요한 포인트라고 말했다.[8] 나카가와는 이탈리아의 사회적 협동조합이 이를 잘 보여주고 있다고 단언하면서, 사회적 협동조합은 커뮤니티 전반의 이익을 추구한다는 점에서 공익성이 높고, 개인을 인격적으로 성장시키며(인간적 발달), 사람들을 차별 없이 사회의 일원이 되게 하는 것(시민의 사회적 결합)을 목표로 한다는 점에서 보편적 성질을 가진다[9]고 말한다.

다나카는 사회적 협동조합의 본질이어야 하는 특징인 폭넓은 활동영역과 공익성, 소규모 조직 구성, 다중 이해관계자형 조직, 내발적이면서 독자적인 네트워크를 활용하여 다른 사회적 주체(지역, 행정조직, 시장) 및 다양한 주체들과의 관계맺기라고 정리하고 있다.[10]

한편 이키이키이와미의 활동을 정리해보면, ① 활동의 중심은 지역의 노인 지킴이 활동과 생활지원이며(높은 공익성), ② 회칙을 필요한 부분만 최소한 제정하는 등 회원의 주체성과 자발성, 학습활동을 중시하고(자발적 능력, 인격적 성장), ③ 차 모임, 호노보노마루코회, 쇼치노사토 등에서 볼 수 있듯이 다양한 사람들이 편안하게 참여할 수 있도록 하고(보편성), ④ 지역 안에서 지자체나 다른 자원봉사 단체와의 네트워크에서 중심 역할을 담당하고 있다(사회의 다양한 주체와의 네트워크).

지금까지 이키이키이와미의 사례를 통해 일본의 새로운 협동조합의 형성과 그 특징에 대해 살펴보았다. 지역사회에서 협동이 약해지고 고령화가 진행되는 가운데, 상품의 판매나 구매를 목적으로 협동해온 농협이나 생협 등 전통적인 협동조합과는 달리, 보편적이고 공익성이 높으며 지역의 여러 단체와 연계하는 이키이키이와미는 새로운 협동조합의 특징이 있다고 할 수 있다.

/

생협시마네의 오타가이사마이즈모

1. 들어가며

일본에서 전통적 협동조합, 그중에서도 구매생협은 1970년대에서 1980년대에 걸쳐 공동구입 사업을 중심으로 비약적으로 발전해 이른 바 '일본형 생협'을 구축했다. 그러나 1980년대 후반부터 공동구입의 1인당 이용액이 정체되었다. 1990년대 중반부터 개별공급이 성장하고 있기는 하지만 손익구조는 정체가 지속되고 있다. 매장 사업은 경쟁이 심화되면서 어려운 상황을 벗어나지 못하고 있다.

이에 반해 외국에서는 새로운 협동조합이 출현하여 생활지원·지역복지·교육·고용 창출 등 '커뮤니티의 질'과 주민의 '삶의 질'을 높이려는 시도가 있어왔고, 여러 가지 어려움에 직면한 현실에서도 전통적 협동조합이 착실히 성장했다.

일본에서는 최근 협동의식이 약해지면서 NPO법인이나 워커즈를 필두로 기존 조직에 얽매이지 않는 다양한 협동조직이 만들어져 창업이나 지역복지로 영역을 확장하는 등 다채로운 활동을 통해 자립을 모색했다. 제2장에서 소개한 시마네 현의 협동조직 이키이키이와미는, 인구가 감소하고 고령화가 심각해져 전통적인 마을 공동체가 쇠퇴해가는 현실에서, 중장년층 여성들을 중심으로 지역 어르신 지킴이 활동이나 생활지원과 같은 새로운 협동 운동을 주체적 · 자발적으로 전개하면서 지역 만들기의 담당자가 되었다.

한편 구매생협에서도 최근 새로운 협동 · 협동조합 운동이 이루어지면서 생활지원이나 협동 관련 활동이 새롭게 나타나고 있다. 그중 하나가 생협시마네의 '오타가이사마이즈모'이다. 오타가이사마이즈모는 지역 조합원 간의 서로 돕기 활동을 사업화한 것으로, 2002년 6월에 생협시마네 이즈모 지소(공동구입 대상 조합원 1만 808명)에서 시작되었다. 오타가이사마이즈모의 2004년도 실적을 보면, 연간 활동시간 3906.5시간(공동구입 대상 조합원 1인당 활동 시간은 0.36시간)으로 활발한 활동이 이루어지고 있음을 알 수 있다. 이후 오타가이사마는 마쓰에(松江)와 운난(雲南)에도 설립되었고, 2005년 말에는 세 곳에서 활동을 시작했다. 여기에서는 생협시마네 안에서 가장 먼저 시작된 오타가이사마이즈모를 중심으로 살펴보기로 한다.

오타가이사마이즈모는 생활 · 복지 영역이나 생활과 관련된 모든 어려움에 대응했는데, 이는 지극히 보편적이고 공익성이 높은 활동이라고 할 수 있다. 오타가이사마이즈모는 조직의 성격에서부터 새로운 협동조합의 싹을 볼 수 있다. 운영 스태프와 지원자들은 활동을 통해 자립성과 커뮤니케이션 능력, 문제 해결 능력을 키웠다. 오타가이사마의 활동을 통해 키워진 새로운 협동 에너지는 생협시마네의 조직운영과 사업운영에 서서히 영향을 주었고 생협시마네의 변화를 이끌었다. 이것은 구매협동의 본래 영역인 생활·복지 영역이나 마을 만들기 영역에 복지협동을 포함시키는 새로운 방향으로 전환했다는 것을 의미한다.

이처럼 생협시마네와 오타가이사마이즈모는 구매생협이 구매생협을 모체로 만들어진 새로운 협동조합을 내부에 두고 쌍방이 영향을 주고받으며 발전하는 관계라고 할 수 있다.

2005년 3월, 오타가이사마이즈모의 등록 지원자와 이용자를 대상으로 오타가이사마이즈모의 특징이나 경향에 대한 설문조사를 실시했다. 배포된 설문조사지는 등록 지원자 175매(회수 100매, 회수율 57.1%), 이용자 89매(회수 71매, 회수율 79.8%)였다.

여기에서는 생협시마네 내의 새로운 협동조합의 싹이라 볼 수 있는 오타가이사마이즈모의 활동을 정리하고, 둘 사이의 관련과 의의에 대해 살펴보고자 한다.

2. 생협시마네 개요

1) 사업 개요[1]

생협시마네는 1984년에 설립된 공동구입 사업만 다루는 구매생협이다. 2004년 현황을 보면, 조합원 5만 6318명(전년 대비 101.7%, 세대 가입률 21.1%, 전국 평균 31.7%), 공급액 81억 8200만 엔(전년 대비 98.9%), 출자금 18억 6400만 엔(전년 대비 104.2%), 경상잉여 1억 5600만 엔(전년 대비 128.4%, 경상잉여율 1.9%, 전국 평균 1.2%)이었다. 개별공급은 2002년

〈그림 3-1〉 생협시마네 사업 개요 추이

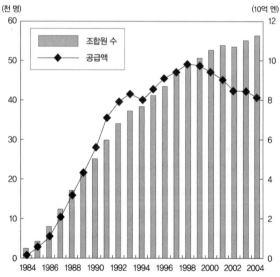

자료: 생협시마네 대의원총회 자료를 바탕으로 필자가 작성.

제3장 생협시마네의 오타가이사마이즈모

부터 시작했는데, 2004년 개별공급 공급액은 2억 9000만 엔(개별공급 비율 3.5%, 전국 평균 40.6%)이었다. 공급액은 1998년을 정점으로 정체되고 있어 경영상 어려움이 계속되었다(〈그림 3-1〉 참고).

2) 조합원 조직

조합원 조직은 1990년대 중반에 '생협을 위한 역할과 활동' 운영위원회(중간조직)에서 '수다를 중심에 둔 즐거운 관계 만들기' 지역위원회로 바뀌었다. 또한 '꼭 해야 한다'라는 사명감이나 '일부 사람들만의 활동'이 되기 쉬운 전문위원회를 없애고, 주제별 활동이나 동아리활동으로 전환했다. 이로써 조합원 조직은 조합원 각자의 생활에 가깝게 다가서는 것이 중요하다는 인식이 생겨나기 시작했다.

조합원과 직접 관계하는 직원조직을 조합원 한 사람 한 사람의 생활과 바람을 알고 지원하는 부서로 규정하고, 2001년에는 부서 이름을 '조합원 활동 추진실'에서 '생활 만들기(くらしづくり) 추진실'(이후 생활 만들기 기획실)로 바꾸었다. 부서 기능도 조합원에 대한 일원적인 대응이 가능하도록 강화했다.

생협시마네는 조합원조직과 직원조직의 전환과 병행하여 조직의 방향성을 공유하기 위한 비전 설계에 착수했다. 비전은 조합원 설문을 바탕으로 오랜 의논 끝에 2002년에 책정되었다. 비전의 내용을 요약하면, '조합원 한 사람 한 사람의 바람을 협동의 힘으로 실현하고, 지역에서의 사람과 사람의 연결을 중시하여 풍요로운 생활을 만든다'이다.

3. 오타가이사마이즈모의 형성과 현황

1) 배경

1980~1990년대 일본 생협 운동의 중심 과제는 '물가 · 안전'에 '복지 · 환경'이 더해진 것이었다. 이러한 상황에서 '생활서로돕기모임(くらしのたすけあい)' 등 상호부조 및 복지활동이 전국의 생협에서 이루어졌다. 가사지원을 주목적으로 하는 생활서로돕기모임은 1983년 코프고베에서 시작되어 전국에서 이루어졌다(2005년 말 기준, 73개 생협에서 시행). 이것은 지역 내 협동이 약화되고 고립화되면서, 지금까지 가족이나 이웃끼리 상부상조하여 작은 어려움들을 해결하던 풍토나 생활의 느긋함과 여유가 사라지면서 '새로운 삶의 어려움'이 발생한데서 기인했다. 즉, 생협 조합원들 사이에서 서로 돕는 구조에 대한 요구가 새롭게 나타났다는 것이다.

생협시마네는 전국의 상황과 비교할 때 다소 늦은 편이었지만, 조합원들 사이에서 사소한 어려움에 대한 지원을 요구하는 목소리가 나오기 시작했고, 생협시마네 이사회는 이에 대응해야 했다.

2) 형성 과정

생협시마네 이사회는 1995년 복지에 대한 기본 관점을 '조합원의 자주적 · 자발적 활동과 다양한 단위 및 형태의 복지활동을 통해 지역

협동의 재생을 실천해가는 것'으로 정했다.

1999년 9월, 생협시마네는 이사회 산하에 복지 소위원회를 만들고, 인근에 있는 복지기관과 지바코프의 오타가이사마 등 다른 생협의 복지활동을 배웠다. 기본적인 상은 전국에서 펼쳐졌던 생활서로돕기모임(くらしの助け合いの会)이 아니라 지바코프의 오타가이사마를 토대로 했다. 지바코프의 오타가이사마는 가입비나 회비가 없었다. 생활·복지 영역에 한정하지 않고 조합원의 모든 어렵고 곤란한 일에 대응했으며, 독립채산을 목표로 이 같은 활동을 사업화했다. 한편 전국의 많은 생활서로돕기모임은 연회비가 있었고 지원 내용에도 일정한 제한이 있었다. 지바코프의 오타가이사마는 서로 돕기를 자체 사업이 아닌 조합원 활동으로 보았기 때문에 생협에서 조합원 활동비 명목으로 경비를 상당 부분 부담했다.

이렇게 생활서로돕기모임과 지바코프의 오타가이사마는 현저한 차이가 있었는데, 생협시마네가 그렸던 그림은 생활서로돕기모임이 아닌 지바코프의 오타가이사마에 가까웠다.

생협시마네는 시작 단계부터 전 지역에서 일제히 오타가이사마를 시작하기에는 역량이 부족하고 얼굴이 보이는 작은 단위가 아니면 대응에 무리가 있다고 판단하여, 가능성이 있는 지역부터 순서대로 발족하기로 했다. 준비모임이나 운영에 대한 통일된 매뉴얼은 없었으며, 각각 독자적으로 전개하도록 했다.

따라서 이야기 모임이나 조합원 모두가 함께 대화하는 것을 중요하게 여기고 생활에서 느끼는 것들을 나누는 장이 비교적 많았던 이즈모 지소에서 2001년 5월에 준비모임을 발족했고, 1년의 준비 기간을 거쳐 2002년 6월에 오타가이사마이즈모를 시작했다. 준비모임은 오타가이사마의 의미에 '서로 돕기', '복지'뿐만 아니라 '조합원 간의 풍성한 연계', '생활 만들기', '서로 의지하는 지역 만들기'를 포함시켰다.

3) 활동 현황

(1) 조직 및 활동

오타가이사마이즈모의 목적은 '안심하고 아이를 키울 수 있고, 나이가 들어도 안심하고 살 수 있고, 살면서 즐거워지는 지역 만들기'이며, 기본자세는 다음과 같다.

① 눈앞의 사례를 모두 공유한다.
② 어려운 일이 있을 때는 운영위원회 모두가 논의하고 일단 부딪친다.
③ 이용자와 지원자가 기분 좋게 건강해지는 관계를 소중히 이어간다.
④ 대응이 어려운 지원 요청에 대해서는 관계가 있는 지원자들이 앞으로는 어떻게 진행하면 좋을지 함께 생각한다.

오타가이사마이즈모의 가입 조건은 생협시마네의 조합원이어야 한다는 것 외에는 가입비나 회비 등의 제약이 전혀 없다.

오타가이사마이즈모는 등록지원자, 코디네이터, 자원봉사 지원 스태프로 구성되어 있다. 지원자는 등록제이며(등록비 200엔), 코디네이터와 면담하여 자신이 할 수 있는 지원 내용과 지원 가능한 요일 및 시간을 지원자 등록카드에 기입한다. 2005년 3월 말, 10~70대 여성 147명(84.0%), 남성 28명(16.0%), 총 175명이 등록했으며, 2006년 4월 1일 현재 등록 인원은 총 234명으로 늘었다. 남성 28명은 생협 직원이나 정년퇴직자가 대부분이었다.

설문조사에 따르면, 등록 지원자의 38.3%가 생협 가입 기간 10~20년, 33.0%가 5~10년으로 비교적 긴 편이었고, 임원(반장, 대의원, 지역위원 등) 경험자가 48.0%로 생협과 관계가 깊은 경우는 절반에 미치지 못했다. 지원(이용) 구조는 다음과 같다.

① 어려움에 처한 조합원이 사무국에 상담을 요청한다(이용시간: 오전 10시~오후 4시).
② 코디네이터가 적절한 지원자를 등록자 명부에서 찾는다. 내용에 따라서는 코디네이터가 지원을 요청한 사람과 면담을 진행한다.
③ 등록 지원자가 이용자를 찾아가 도움을 준다.

이용자는 한 시간당 800엔의 이용비와 지원자의 교통비를 부담하며, 지원자는 그중에서 시급 600엔과 교통비를 받고 나머지 200엔은 사무국 운영비로 내놓는다.

이용자와 등록 지원자를 연결해주는 과정에서 코디네이터의 역할이 매우 중요하다. 다양한 어려움에 처한 사람과 상담을 하면서 상대방의 입장에서 공감해주는 것에서 모든 일이 시작되기 때문이다. 그

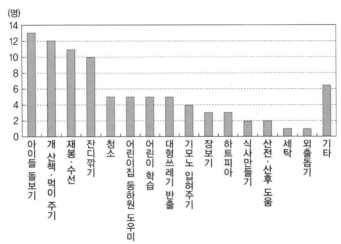

〈그림 3-2〉 오타가이사마이즈모 이용 내용(2004년, 복수 응답)

(명)

| 아이들 돌보기 | 개 산책·먹이 주기 | 재봉·수선 | 잔디깎기 | 청소 | 어린이집 등하원 도우미 | 어린이 학습 | 대형쓰레기 반출 | 기모노 입혀주기 | 장보기 | 하트피아 | 식사만들기 | 산전·산후 도움 | 세탁 | 외출돕기 | 기타 |

자료: 2005년 3월에 실시한 설문조사를 바탕으로 필자가 작성.

리고 이러한 일을 반복하면서 코디네이터는 커뮤니케이션 능력을 키워나간다.

2004년 지원(이용) 내용은 〈그림 3-2〉와 같다. 어린이와 관련된 이용이 약 60%를 차지할 정도로 높은 편이었다. 참고로 2005년 활동시간은 5630.5시간(2004년 3906.5시간, 전년 대비 144.1%)으로 대폭 증가했다.

오타가이사마이즈모는 복지 영역에 한정하지 않고 생활과 관계된 모든 어려움에 대응하여 지원한다. 오타가이사마이즈모 지원 활동의 기본적인 생각은 누구라도 어려울 때 편안하게 이용할 수 있게 하고, 이것이 안심하고 생활할 수 있는 지역 만들기로 이어지게 하는 것이다. 지역 만들기에 대한 관점은 전국의 생활서로돕기모임에서는 좀처럼 볼 수 없는 오타가이사마이즈모의 특징이라고 할 수 있다.

이외에도 바자회, 비즈 공예, 소품 만들기 등 특기가 있는 사람이 강사를 맡아 진행하는 오타가이사마 강좌를 열었다. 예를 들어, 꽃꽂이에 자신 있는 사람을 강사로 채용하고, 꽃꽂이를 배우고 싶은 사람은 300엔(재료비 등은 별도)을 내고 참가하는 방식이었다. 강사에게는 지원 활동과 마찬가지로 두 시간 반에 1500엔을 지급했는데, 수강생이 여섯 명 이상일 때만 강좌를 개설할 수 있기 때문에 참가비 수입과 강사비 지출 사이에 반드시 차액이 발생했다. 이 차액은 오타가이사마 이즈모 사무국의 활동비로 쓰였다. 소식지 ≪오타가이사마 뉴스(おた がいさまニュース)≫를 월 1회 발행하고, 지소 직원을 통해 지역 내 전 조합원에게 배부했다. 손으로 직접 써서 만든 ≪오타가이사마 뉴스≫ 는 조합원들에게 호평을 받았고, '오타가이사마의 활동은 편하고 안심이 된다'는 인식이 조합원들 사이에 점차 퍼졌다.

사회복지법인 하트피아이즈모(ハートピア出雲, 이하 하트피아)는 특별한 지원 활동을 벌였다. 하트피아는 2000년에 이즈모 시에 설립된 사회복지법인으로, 장애인 생활지원, 데이서비스, 아동 데이서비스 등을 주요 사업으로 했다. 오타가이사마이즈모는 생협의 이즈모 지소 구역 안에 있는 열두 개 초등학교에 다니는 장애아 열일곱 명을 아동 데이서비스에 맡기고 찾아오는 활동과 하트피아 탁아 활동도 담당했다. 지역의 공적 부문의 일부를 담당했던 것이다. 하트피아의 지원(이용)은 일주일 단위로 이루어졌는데, 교대를 포함해서 약 30명이 월 200시간 이상 활동했다. 이를 통해 지원자에게는 장애인에 대한 이해와 더불어 그들에게 도움이 되고 있다는 높은 만족감을 주었고, "다른

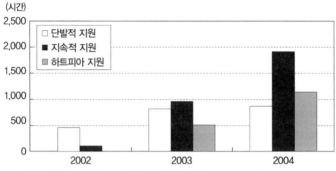

〈그림 3-3〉 오타가이사마이즈모 활동 분야와 그 추이

자료: 오타가이사마이즈모 자료를 바탕으로 필자가 작성.

지원은 사양하지만 하트피아라면 하고 싶다"는 지원자가 있을 정도였
다. 운영위원이나 지원자는 하트피아의 지원 활동을 통해 지역사회에
더 깊은 관심을 기울이게 되었다. 한편 하트피아에서는 "오타가이사
마이즈모는 없어서는 안 될 존재", "지역과 여러 사람과 교류할 수 있
어서 정말 기쁘다" 등의 이야기가 나왔다.

2008년에 생협시마네 안에서 오타가이사마이즈모, 오타가이사마
마쓰에, 오타가이사마운난이 활동했다. 이 세 개의 오타가이사마는
'전국 발신 프로젝트'를 만들어, 현 내외를 불문하고 어쩔 수 없이 떨
어져 사는 가족의 걱정거리(고향에 계신 부모님을 보살피는 일이나 벌초
등)를 덜어줌으로써 가족 안심 만들기에 공헌하고 있다.

지원 활동은 ① 단발적 지원(풀 뽑기 등 일회성 지원), ② 지속적 지원
(가족 중에 간병이 필요한 환자가 있어 식사나 청소 등 지원이 계속 필요한
일), ③ 하트피아 지원 등 세 가지로 분류되는데, 지속적인 지원의 중

가가 두드러진다(〈그림 3-3〉). 페스토프(Victor A. Pestoff)는 지속적 지원(계속적 서비스)에 대해 "계속적 서비스는 단발적 서비스와 비교할 때 한층 높은 친절함과 장기적인 사회관계가 기본이다"[2]라고 주장하는데, 이는 오타가이사마이즈모에 그대로 들어맞는다.

지원(이용) 사례(〈표 3-1〉 참고)에서 알 수 있듯이 이용자는 물론 지원자도 오타가이사마 활동을 통해 위로받고 활기를 얻었다.

〈표 3-1〉 지원 사례(2004년)

· 이용자 A(시각장애인 남성, 40세)

A는 현재 치료원을 개업하여 가끔 외출한다. 가까운 곳으로 쇼핑을 나갈 때는 택시를 이용하는 경우가 많은데, 비용도 많이 들고 불친절한 기사도 있어서 불쾌감을 느낄 때가 많았다고 한다. 이용 내용은 쇼핑 등 외출할 때 동행해주는 것. A는 '오타가이사마 이즈모'를 이용하면서 행동 범위가 넓어져 지금은 만족한다고. A는 "지원자는 매우 친절하고 즐거운 사람이다. 없어지면 곤란하다. 다른 마을에도 '오타가이사마'가 생긴다면 장애인들에게 도움이 될 텐데……"라고 말했다.

· 지원자 B(여성, 60세)

B는 아이가 병이 나서 엄마가 계속 옆에서 간호를 해야 하는 가정에 주 2회 저녁식사를 만들어주는 일에 지원했다. 이용자가 "평상시에는 저녁을 대충 해결하고 있어 지원받는 날은 가정적인 요리와 가족의 단란함을 맛볼 있는 소중한 날"이라고 이야기해주었을 때, 자신의 작은 지원이 한 가족에게 용기를 주고 있다고 느껴져 정말 기뻤다고 한다. 또한 B는 가능한 한 시간을 내어 아이 엄마와 이야기를 나눈다고 했다. B는 "서로 통하는 것이야말로 진정한 응원이 아닐까. 나만 잘하고 있다고 만족해서는 안 된다. 서로가 만족할 수 있는 상황을 어떻게 만들어갈 것인가가 발전의 열쇠이다. 그러나 무리는 금물. 스스로 부담을 느낀다면 지원을 그만둘 것"이라고 말했다.

· 지원자 C(남성, 70세)

C는 하토피아 이즈모, 즉 장애아동을 3개월간 아침과 점심에 데려오고 데려다주는 서비스를 지원했다. 처음에 C는 장애아동과의 접촉 방법을 잘 몰랐는데 지금은 즐겁게 하고 있다고 한다. C는 "텃밭에서 재배한 수박을 아이에게 먹여주었는데 아이가 계속 기억해줘서 나도 무척 기뻤다"고 말했다. 또 오타가이사마의 젊은 코디네이터와도 친해져 인생이 한층 즐거워졌다고.

· 지원자 D(여성, 46세)

D는 장애아동을 초등학교 입학 때부터 1년 3개월 동안 데려다주고 데려오는 서비스를 지원했다. 처음에는 자신도 없고 대하는 방법도 몰라 상당히 힘들었는데, 시간이 지나면서 아이를 장애인으로 인식하지 않게 되었다고 한다. D는 "언젠가 그 아이가 '나는 출산예정이 10월이었는데 8월 15일에 태어났다. 성장하지 않은 채 태어났기 때문에 지금 열심히 노력하고 있는 것이다'라고 말했는데, 아이의 긍정적인 태도에 감동받았다"고 했다. D는 지원 활동을 하기 전까지는 건강이 좋지 않아 링거를 맞기도 했지만 지금은 완전히 건강해졌다고 한다.

자료: 필자가 인터뷰해서 작성.

(2) 운영

평상시에는 운영위원회를 중심으로 운영되는데, 운영 스태프는 코디네이터 네 명, 조합원 이사 세 명, 자원봉사자 일곱 명(지원자, 지소 생활 만들기 위원) 등 총 열네 명의 조합원으로 구성되었다(〈표 3-2〉 참고).

〈표 3-2〉 운영위원회 구성원(2006년 4월 현재)

· 운영위원회 구성 준비모임 이후 매년 약간씩 교체가 있다. 코디네이터 4명, 조합원 이사 3명, 지원자 2명, 생활 만들기 위원 4명, 사무국 1명 총 14명과 직원 1명이 추가된다.
· 코디네이터 평균 생협 경력 16년, 평균연령 42세, 운영위원 및 조합원 활동위원, 전문위원으로 경험한 사람이 많다.
· 조합원 이사 평균 생협 경력 18년, 이사 경력 5년차, 13년차, 16년차, 평균연령 49세, 각각 회계, 사무국, 대표직을 담당한다.
· 조합원 자원봉사자와 지원자 평균 생협 경력 10년, 평균연령 41세, 지원, 뉴스 작성, 바자회 돕기, 오타가이사마 강좌 강사 등 다방면에서 활동한다.

자료: 필자가 인터뷰해서 작성.

월 1회 열리는 운영위원회에서는 지원 사례의 검증을 비롯해 다양한 안건을 협의하고 결정했다. 그 외에 회계, 홍보, 계몽활동, 자선바자회 개최, 지원자 교류회 기획, 타 단체와의 연계, 연수 등에 대해 논의했다. 운영위원회에는 생협시네마 이즈모 지소의 생활 만들기 위원이나 생활 만들기 기획실의 간부 직원도 참가해 오타가이사마 활동이 생협 지소의 조합원 활동과 연동되도록 했다.

코디네이터 모임은 한 달에 여러 차례 열려 사례를 연구하고 공유했다. 이들은 "항상 힘든 일이 있을 때에는 모두가 함께 고민한다"는 태도를 중요하게 생각한다(〈표 3-3〉 참고).

〈표 3-3〉 코디네이터회(2005년 9월)

· 지금은 이용자의 "곤란하다!"와 지원자의 "할 수 있다"를 연결하는 데 집중하고 있지만, 항상 방황하는 것 같다.
· 바쁜 자영업자의 자녀를 돌봐주고 이사를 도와준 문구판매업을 하는 조합원이 "1학년 신입생 대상 교내 문구 판매를 도와주었으면 좋겠다"고 말한 적이 있다. 영리활동을 도와주는 것이라는 느낌이 들어 지원해도 될지, 이 요청을 받아들여도 될지 운영위원회에서 여러 차례 이야기를 나누었다. 자영업을 하는 조합원이 어려움에 처해 "누군가 빨리 도와줄 사람을 찾아주었으면 좋겠다"라고 하거나 누군가 "이런 것도 부탁해도 되나?"라고 묻는 그 목소리를 직접 들으면 '그럼 한번 찾아보자'라는 마음에 지원해줄 사람을 꼭 찾는다.
· "지원자가 즐겁게 지원해주거나 지원을 통해 보람을 느끼거나……"
· "어려움에 처해 있는 사람에게 어디까지 지원해줄 수 있을까? 이 점은 항상 과제이지만, 그때마다 '다양한 삶들이 있구나' 느낀다."
· "맞아, 그리고 정말 힘들 때는 어디에, 누구에게 물어봐야 좋을지 모른다. 그럴 때 오타가이사마에서 '힘드시죠'라며 함께 생각하고 가능한 한 지원해주려고 한다."
· "생활과협동연구소가 방문(인터뷰)했을 때, '예를 들어, 파칭코에 갈 건데 내가 없는

자료: 〈 くらしと協同の研究所, ≪協う≫(2005.10).

    연 1회 지원자 교류회를 개최하여 지원자 · 운영위원 · 직원 간의 교류를 꾀하고, 이 자리에서 여러 사례를 발표하기도 했다. 지원자 교류회는 모두가 함께 지혜를 짜내거나 지원자가 어떤 도전을 해서 변한 사례들, 이용자가 되었을 때의 느낌 등을 나누면서 모두 기운을 얻고 돌아가는 자리가 되었다. 교류회는 다른 행사와 함께 연 2~3회 정도 열리기도 했다. 2005년에는 시각장애인 이용자, 행정기관, 이즈모 시 사의 폭이 더욱 넓어졌다. 또한 지원자별 교류회를 부정기적으로 개최하여 하트피아, 가사지원 등 관계자 간 교류의 장을 만들고 각자 느끼는 점을 편안하게 이야기할 수 있도록 했다.

    이처럼 운영에 관한 모든 것을 조합원들이 맡았기 때문에 자연스럽게 주체성과 자립성이 길러졌다. 또한 자금 사용이나 운영상의 여러 가지 문제도 운영위원회에서 협의하고 결정했기 때문에, 상부에 무언가를 요구하는 '요구형'에서 스스로 어떻게든 해보려는 '해결형'으로 운영위원들의 의식이 바뀌었고 서서히 문제 해결 능력이 길러졌다.

〈표 3-4〉 오타가이사마이즈모의 운영 원리(2006년 6월)

① 하고 싶으니까 하고 싶은 사람이 만드는 세계
이사회 결정, 직원 사무국 배치, 현 전체가 아닌 → 자신들의 의사로, 얼굴이 보이는 범위, 지소별로.

② 언제나, 누구라도
회비제, 회원제로 운영되는 협소한 사람들의 활동이 아닌 문턱을 낮추어 → 회비제로 운영하지 않고, 모두 자유롭게 출입할 수 있도록, 생협답게.

③ 곤란에 처했을 때 모두가 함께 생각하는 장이 있다
규칙, 기준, 틀, 역할 분담을 최대한 적게 하고 → 해보니까 어땠는지 되돌아보고 다시 생각한다.

④ 관계하고 있는 사람들 스스로 결정하기
이사회나 관계하지 않는 사람들이 정하는 것이 아니라 → 오타가이사마 운영위원회에서 자립(자율)적으로 정한다.

⑤ 더욱 풍요로워지도록 서로 받쳐주는 마을 만들기
제3자나 정해진 사람이 힘든 일을 정하는 것이 아니라 힘든 일을 정하는 것은 당사자이며, 이용자(사람)와 지원자(사람)를 이어주는 역할에 충실한다.

자료: 오타가이사마이즈모 활동보고 자료.

오타가이사마이즈모는 2006년도 설립 당시 〈표 3-4〉와 같은 운영 원리를 채택했다.

(3) 재정

오타가이사마이즈모의 재정은 생협시마네로부터 받는 연 48만 엔의 지원금 외에는 회원들이 염출(捻出)하며, 독립채산을 목표로 한다. 이용자에게 받는 시간당 200엔의 운영비가 주요한 수입원이고, 그 외 매년 수차례 바자회를 개최해 수입을 얻는다. 바자회는 지소 직원의 도움을 받기도 하는데, 이들은 바자회를 안내하고 조합원이 내놓은

<표 3-5> 2004년도 사업 수지

(단위: 엔)

수입		지출	
전기이월금	141,077	코디네이터 활동비	1,008,515
운영비	582,250	코디네이터 교통비	75,263
하트피아	196,569	응원료	23,540
바자회	203,912	회의비	10,246
오타가이사마 강좌	11,700	사무경비	48,489
교류회비	7,200	휴대전화비	28,542
기부금	40,850	타 단체 회비	3,000
잡수입	5,839	연수비	23,000
생협 지원금	338,923	교류회	17,370
		바자회 경비	4,473
		비품	7,003
		잡비	3,080
		반환금 외	400
		차기이월금	275,399
합계	1,528,3620	합계	1,528,320

자료: 2004년 오타가이사마이즈모 지원자 교류회 자료.

물건을 수거하여 가져다준다. 그 밖의 수입원으로는 오타가이사마 강좌, 의류 대여(주로 각 가정에서 불필요하게 된 아동용 예복이나 구두 등을 무료로 받아 필요한 사람에게 1회 200엔에 대여) 등이 있다.

2004년 수입 내역을 보면 전기 이월금 14만 1077엔, 운영비(차액 200엔의 수입금) 58만 2250엔, 생협시마네의 지원금 33만 8923엔, 바자회 20만 3912엔, 하트피아 19만 6569엔, 기부금 4만 850엔, 오타가이사마 강좌 1만 1700엔, 기타 1만 3039엔의 순이다. 2004년 생협에서 받은 지원금은 전기 이월금을 뺀 금액이다(48만 엔 − 14만 1077엔 = 33만 8923엔; <표 3-5> 참고). 한편 2004년에는 오타가이사마이즈모의

〈표 3-6〉 2005년도 사업수지

(단위: 엔)

수입		지출	
전기이월금	275,399	코디네이터 활동비	1,326,905
운영비	490,300	코디네이터 교통비	96,790
하트피아	138,694	응원료	2,610
바자회	25,000	회의비	19,562
오타가이사마 강좌	603,239	사무경비	36,871
교류회비	6,400	휴대전화비	91,778
기부금	7,913	연수비	15,000
잡수입	5,408	비품대비	193,600
생협 지원금	480,000	잡비	12,600
		차기 이월금	236,637
합계	2,032,353	합계	2,032,353

자료: 2005년 오타가이사마이즈모 지원자 교류회 자료.

재정에 약간의 여유가 생겨 생협시마네의 지원금이 줄어들었다.

2004년 사업 수지를 살펴보면, 차기 이월금이 27만 5399엔에 달해 조금씩이지만 경영 기반이 강화되고 있음을 알 수 있다. 적자가 나지 않도록 노력했는데, 그 방안의 하나로 코디네이터의 시급은 당월의 지원 시간과 코디네이터의 당월 활동시간에 연동해서 정했다. 이 때문에 시급에 항상 변동이 있었다.

2005년 사업 수지를 보면, 하반기부터 코디네이터가 한 명 늘어 네 명 체제가 되었고 컴퓨터 구입 등 지출이 증가했지만, 하트피아의 이용이 크게 늘어나 차기이월금은 23만 6637엔을 기록했다. 이처럼 재정 기반은 해를 거듭할수록 강화되었다(〈표 3-6〉 참고).

4. 생협시마네와 오타가이사마이즈모

1) 오타가이사마 활동의 확대와 생협시마네에 미치는 영향

오타가이사마이즈모는 생협시마네가 식품 안전을 중심으로 이루어낸 신뢰나 사람과 사람과의 연계를 토대로 만들어졌다. 생활·복지 영역과 생활에서 일어나는 모든 어려움에 대응하며 조합원 스스로에 의한 사업화를 목표로 했다.

생협시마네는 이전부터 오타가이사마이즈모를 측면에서 지원하고 격려해왔는데, 오타가이사마이즈모 안에서 만들어진 조합원의 새로운 협동 에너지가 생협시마네에도 일정한 영향력을 미치기 시작해 조직을 활성화시키고 있다. 예를 들어, ① 2004년 11월에 개최된 생협시마네 창립 20주년 기념식에서 생협시마네의 주요한 활동 사례로 오타가이사마의 활동이 크게 소개되어 거래생산지를 포함해 많은 참가자의 공감을 불러일으켰고 감동을 주었다. ② 총회에서 나온 발언이나 감상문에는 오타가이사마의 활동 내용에 대해 공감하는 의견이 늘어나고 있다. ③ 이사회는 「오타가이사마 운영위원회 보고」를 바탕으로 활동의 공유를 도모했는데, 오타가이사마가 중시해왔던 '한 사람 한 사람의 조합원과 마주 보는 장', '즐겁고 힘이 나는 장'이라는 생각이 공통의 가치관으로 정립되었다.

이후 오타가이사마는 마쓰에(2004년 4월 발족)와 운난(2005년 6월 발족)에서도 시작되어 세 개 지소에서 독자적인 운영방식에 따라 활동을 펼쳤다. 이로써 각 지역에서 오타가이사마와 생협시마네의 관계가 진전되어 조직의 활성화로 이어지리라고 생각한다. 세 개의 오타가이사마는 현재 오타가이사마연락회를 결성하여 사례 연구와 교류를 꾀했다.

2) 생협시마네의 새로운 변화

한편 조직의 활성화를 촉진하기 위해 새로운 변화(도전)가 시작되었다. 새로운 변화는 운영 면에서 두드러지게 나타나고 있는데, 변화 내용은 다음과 같다.

첫째, 오타가이사마이즈모의 경험을 통해 조합원이 주체적 · 자발적으로 활동하는 것의 중요성을 배워, 이사회와 조합원의 중간조직이었던 지역위원회를 의무적인 하향식(Top down) 운영에서 주체성과 자발성을 강조하는 상향식(Bottom up) 운영으로 전환하고 명칭을 '지역네트'로 바꾸었다(2003년 10월). 다시 말해 수직형 민주주의(폐쇄형 피라미드)에서 수평형 민주주의(개방형 네트워크)[3]로 조직구조와 의사결정 과정을 전환한 것이다. 그리고 의무적 운영에서 자발적 운영으로 전환하면서 위원 1인당 월 2000엔씩 지불했던 수당을 2003년 10월부터 폐지했다.

둘째, 2005년 6월부터 생활 만들기 회의를 신설하고 이를 통해 조직과 사업을 운영함으로써 생활 만들기에 중점을 두었다. 회의는 당분간은 월 1회 진행되었으며, 상근 임원 세 명과 조합원 이사 다섯 명,

고문(adviser) 한 명, 총 아홉 명으로 구성되었다. 조합원 이사는 오타가이사마이즈모에서 두 명, 오타가이사마마쓰에에서 두 명, 오타가이사마운난에서 두 명이 맡아, 모두 오타가이사마에 깊게 관여하는 사람들이었다. 회의를 신설하고 수개월이 지난 후, 일상에서 일어나는 일(사업, 조합원 활동, 상품 등)은 무엇이든 논의 안건으로 삼아 과제를 정리하기도 하고, 그때까지 상근부(常勤部)에서 담당했던 이사회 안건도 조합원 이사가 모아 논의하기 시작했다.

셋째, 2005년부터는 부이사장을 두기로 했는데, 오타가이사마이즈모의 사무국을 담당하는 조합원 이사가 맡아서 하기로 했다. 새 부이사장은 주 1회 열리는 상근 임원회의에도 출석했다.

넷째, 2005년에 처음으로 조합원의 의견을 바탕으로 이듬해의 사업 방침을 만드는 작업을 시작했다. 조합원 설문조사 등을 통해 얻은 의견을 기본으로 다음 해 방침을 정하는 것인데, 이를 실제로 수행하는 데는 약 반년의 시간이 걸렸다.

이와 같이 생협시마네와 오타가이사마이즈모가 서로 관련을 맺으면서 생협시마네의 운영이 조금씩 바뀌고 조직이 활성화되고 있다. 다시 말해, 이 둘의 관계는 규모가 큰 협동조합(생협시마네) 안에서 작은 협동조합(오타가이사마이즈모)이 탄생하고, 작은 협동조합 안에서 만들어진 새로운 협동의 에너지가 다시 큰 협동조합으로 주입되어 큰 협동조합이 질적으로 변화하고 새로운 방향으로 발전해가는 전형이라고 할 수 있다.

5. 지역 커뮤니티의 새로운 협동 네트워크

1) 오타가이사마이즈모와 커뮤니티의 연계

생활을 발전시키고 충실하게 하려는 요구는 다양하며 정형화되어 있지 않다. 그래서 오타가이사마의 활동도 정형화를 피하면서 이용자 (조합원)의 목소리를 가까이에서 듣고 공감하는 것을 중시해왔다. 이와 같이 형식에 얽매이지 않는 활동방식은 지역 커뮤니티와의 연계를 촉진하고 나아가 생활의 변화를 일으킨다. 지금부터는 커뮤니티와의 연계, 그리고 연계를 통해 드러난 생활의 실제를 소개하고자 한다.

이즈모 고령자 안심 지원센터(지역 포괄 지원센터)는 센터 이용자에게 오타가이사마이즈모의 가사지원 활동을 소개해주었는데, 이동의 경제적 부담을 줄여주기 위한 방안으로도 오타가이사마이즈모를 소개하기 시작했다. 한편 고야마(古山) 재택돌봄 지원사무소(특별노인요양시설)는 데이서비스 이용자에게 오타가이사마이즈모에서 지원하는 정원에 물 주기, 불단 청소 등을 적극적으로 소개했다.

현립중앙병원 의료상담과는 갑자기 입원해 집을 비우게 된 환자의 가사지원이나 퇴원 직후의 간호 및 가사지원 등과 관련해 환자 가족들에게 오타가이사마이즈모를 소개했다. 또한 중앙병원의 원내 세탁소가 없어져 입원 환자들이 세탁 지원을 원할 때에도 오타가이사이즈모를 연결해주었다.

행정기관과의 관계를 보면, 이즈모 시청의 몇몇 부서는 청소년 여름캠프를 비롯한 야외활동에 간호사 파견이 필요할 때 오타가이사마에 의뢰했으며, 이 같은 의뢰는 점점 증가했다. 한편 세 개의 오타가이사마 모두 시마네 현의 시마네육아응원단에 등록하여 현의 인증마크를 획득했고, 손으로 하는 만들기 놀이 등을 짜서 아이들을 돌보았다. 한편 오타가이사마이즈모는 이즈모 시 종합자원봉사센터와도 연계를 진행했는데, 이즈모 시 종합자원봉사센터는 활동, 교류, 학습, 정보, 코디네이터의 장으로 기능하는 기관이다.

이처럼 오타가이사마이즈모와 여러 커뮤니티의 연계는 여러 형태로 진행되고 있는데, 이러한 연계를 통해 다양한 생활의 실태나 새롭게 나타난 어려움들이 잘 보이게 되었다.

2) 사회복지법인 하트피아이즈모와의 연계와 복지협동의 양성

하트피아는 '장애인과 그 가족에 대한 생활지원을 통해 인간다운 자립과 사회 참여를 촉진하는 것'을 목적으로 2000년 6월에 설립되었다. 하트피아의 사업은 크게 장애인 데이서비스, 아동 데이서비스, 신체장애자 상담지원, 이즈모 복지용품 전시 등 네 가지로 분류된다.

그중 오타가이사마이즈모는 아동 데이서비스 부문에서 활동하며, 학교-하트피아 간 이동과 탁아를 지원했다. 장애학생들이 시설에 오고 가는 시간은 변동 사항이 많고 돌발 상황이 일어나기 쉬워 보호자-학교-하트피아-오타가이사마이즈모 간에 수시로 전화를 통한 조정이 이루어졌다.

장애학생들은 오타가이사마이즈모의 지원을 통해 많은 사람을 만날 수 있었고 배우는 것이 많아져 말수도 많이 늘었다. 특히 맞벌이 부부에게는 아이들을 데려다주고 데려오는 일이 큰 부담이기 때문에 이 서비스가 상당히 큰 도움이 되었다. 장애학생과 지원자 간의 유대도 끈끈해져 오가는 중에 서로 많은 대화를 나누게 되고, 이런 수다가 서로를 격려할 뿐 아니라 협동을 만들어내기도 했다.

오타가이사마이즈모의 총 지원 시간 중 절반가량이 하트피아 지원이었다. 오타가이사마이즈모의 지원이 없다면 하트피아는 현행 제도 아래에서는 사업 경영이 어려운 실정이기 때문에 양자는 운명공동체적 협동관계로까지 발전했다.

3) 오타가이사마이즈모와 다른 단체와의 관계

오타가이사마이즈모는 행정 기능의 일부를 담당하거나, 현립중앙병원과의 연계, 하트피아 장애학생의 등하교 도우미 등 공익성이 높은 활동을 펼치고 있어 지역사회에서 점차 신뢰를 얻고 있다. 오타가이사마이즈모와 다른 단체들과의 관계는 조직적인 관계라기보다 개인적인 관계라고 할 수 있다. 즉, 오타가이사마이즈모의 운영위원회 구성원이나 지원자는 개인적으로 지역의 다른 단체 혹은 다른 단체에 소속해 있는 개인과 관계를 맺고 있는 경우가 많다. 그리고 그것이 다양한 연계를 만들어내고 있다. 결과적으로 오타가이사마이즈모는 생협시마네와 행정기관, 그리고 타 단체 사이에서 접착제 역할을 하고 있다.

6. 오타가이사마이즈모의 의의

1) 조합원의 새로운 협동 에너지의 재생

생협시마네 안에서 만들어진 오타가이사마이즈모는 생협에서 자립해 조합원들이 주체적으로 운영해나갔다. 이를 통해 기존의 구매생협에서 사라져가고 있었던 협동과 자립성을 새로운 협동 에너지로 재생했다. 한편 오타가이사마의 코디네이터와 운영 스태프는 이용자와 지원자를 연결하는 과정에서 커뮤니케이션 능력을 높였다. 철저한 민주적 운영과 사업화는 어려움에 처했을 때 누군가에게 바로 의존하지 않고 스스로 문제를 해결해나가는 문제 해결 능력을 키워주었다.

2) 가케코미테라와 같은 안심의 형성

오타가이사마이즈모는 지원하는 쪽에서 "당신이 지금 겪고 있는 일은 별것 아니다"라고 판단해서는 안 된다고 생각하며, 지원할 수 있는 사람을 찾을 수만 있다면 가능한 한 모든 어려움에 대응하려고 했다. 또한 지원자와 이용자는 대등한 입장에서 서로를 인정하고, 생각과 고민을 솔직히 나누었다. 오타가이사마이즈모는 생활이 어렵고 걱정이 많은 조합원을 격려하고 응원하면서, 과거 어려울 때 달려갔던 가케코미테라(かけこみ寺)*와 같은 역할을 했다.

3) 커뮤니티에 대한 공헌

행정기관과 커뮤니티의 연계, 사회복지법인 하트피아 지원에서 볼수 있듯이 오타가이사마이즈모는 지역에서 공적 부문의 일부를 담당했고 지역사회에서 높은 평가를 받았다. 또한 오타가이사마이즈모와 여러 지역단체 및 개인의 연계가 증가하여 생협시마네와 행정기관, 지역단체 사이에서 접착제적 존재가 되었다.

4) 경제적 효과의 가능성

이번에 실시한 설문조사는 조합원 참가와 상품 이용 사이에 상관관계가 있다는 것을 보여준다. 오타가이사마이즈모의 등록 지원자와 이용자 중 생협 임원을 해보았거나 행사에 많이 참가해본 사람일수록 생협 상품 이용이 높고, 적은 사람일수록 낮다는 결과가 나왔다(〈그림 3-4〉, 〈그림 3-5〉 참고). 예를 들어, 〈그림 3-4〉에서 보여주듯 한 달에 5만 엔 이상 이용하는 조합원은 평균 3.25번 생협 임원을 경험했다. 또한 〈그림 3-5〉에서 보는 것처럼 3000엔 미만의 사람들은 생협 행사 참가 횟수가 0.71로 행사에 참가해본 적이 없는 조합원이 많았다. 참고로 어떤 임원 경험이 많았는지를 보면, 대의원, 지역위원, 지소위원, 운영위

---

* 에도 시대에 남편과 헤어지기 위해 도망쳐 들어오는 여자를 보호하여 이혼을 성립시키던 절을 말한다.

<그림 3-4> 등록 지원자의 이용액과 임원 경험의 관계

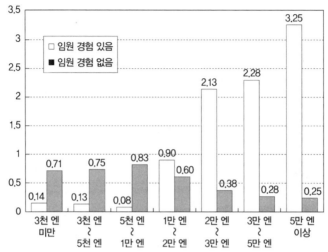

주: 임원 참가 수치(세로축)는 이용단위별 총 임원 참가 수 ÷ 인원수로 계산.
자료: 2005년 3월에 실시한 설문조사를 토대로 작성.

원, 실행위원, 반장, 전문위원, 이사 순으로 나타났다. 참가 행사는 학습
회나 교류회, 생협축제, 대의원총회, 공장 견학이나 산지 방문, 동아리
활동 순이다. 지원자 1인당 한 달 이용액은 5만 엔 이상 8.5%, 3만~5만
엔 미만 19.1%, 2만~3만 엔 미만 17.1%, 1만~2만 엔 미만 21.3%,
5000~1만 엔 미만 12.8%, 3000~5000엔 미만 8.5%, 3000엔 미만 7.4%,
이용 없음 5.3%이다.

참가와 상품 이용의 상관관계는, "참가와 충성심은 동전의 앞뒷면
과 같다. 협동조합에서 참가는 경제활동의 이용 결집과 밀접하게 관
련된다"[4]라는 페스토프의 말에서도 찾아볼 수 있다. 참가와 이용의 상
관관계는 오타가이사마이즈모의 사례에도 적용된다. 오타가이사마

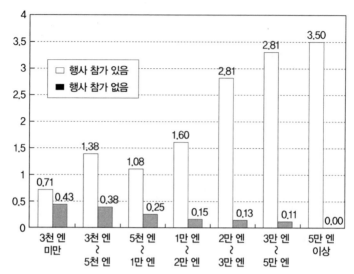

〈그림 3-5〉 등록 지원자의 이용액과 행사 참가의 관계

주: 행사 참가 수치(세로축)는 이용단위별 총 행사 참가 수 ÷ 인원수로 계산.
자료: 2005년 3월에 실시한 설문조사를 토대로 작성.

이즈모의 활동과 참가 형태는 생협과는 약간 다르지만 조합원의 충성
심을 높인다는 점에서는 전적으로 같다. 오타가이사마이즈모 활동이
확대되면, 결과적으로 조합원과 생협의 관계를 친밀하게 하고 '나의
생협'이라는 실감을 높여 생협시마네에 경제적 효과를 불러올 가능성
이 높아진다고 말할 수 있다.

5) 조합원 참여의 새로운 무대 창출

설문조사 결과를 좀 더 자세히 살펴보면, 등록 지원자의 52.0%가

지금까지 생협의 반장, 대의원, 운영위원 등 임원을 한 번도 경험해본 적이 없다. 생협시마네의 2004년 한 달 평균 이용액은 1만 2209엔인데, 등록 지원자 중 생협 상품을 이용하지 않는 사람(5.3%)을 포함해 1만 엔 미만도 34.0%였다. 다시 말해 이때까지 생협 행사에 참가하거나 이용이 적었던 층이 자발적으로 오타가이사마이즈모라고 하는 생활 · 복지 영역 활동의 무대에 등장했다는 것이다. 그리고 이 새로운 참가자들은 오타가이사마 활동을 통해 격려받고 건강해져 자기실현의 기회를 새롭게 얻었다. 생활 · 복지 영역은 원래 보편성과 공익성이 높아 자원봉사 참가를 이끌어내기 쉬운 특성이 있는데, 자원봉사 정신은 복지를 받쳐주는 토양이기도 하기 때문에[5] 조합원이 참여할 수 있는 새로운 무대가 창출되었다는 의의가 있다.

7. 오타가이사마이즈모의 특징과 과제

1) 오타가이사마이즈모의 특징

① 공동구입 사무소 구역을 설립 단위로 하기 때문에 지역에서의 소규모 대응이 가능하다. 전국의 생활서로돕기모임은 하나의 단위생협에 하나씩 있어 광범위한 지역을 단위로 하는 곳이 많다.

② 이용을 쉽게 하기 위해 가입비나 회비를 받지 않는다. 전국의 생활서로돕기모임은 가입비나 회비제로 운영되는 곳이 많다.

③ 생활·복지 영역에 한정하지 않고 생활과 관련된 모든 어려운 일에 대응한다는 점에서 보편적이다. 또한 행정기관과의 연계나 하트피아 지원 등 공적 역할을 담당한다는 점에서 공익성이 매우 높다고 할 수 있다. 전국의 생활서로돕기모임은 이용 제한을 두는 곳이 많다.

④ 운영이나 경영은 전부 조합원에게 맡기며, 조합원들에 의한 독립채산의 사업화를 목표로 한다.

⑤ 여성이 중심이지만 남성도 비교적 많다. 등록지원자들은 생협 가입 기간이 길고 임원 경험도 많아 생협과 관계가 깊다. 생협과의 관계가 많지 않은 사람들의 참여도 증가하고 있다.

2) 오타가이사마이즈모의 과제

① 운영 기반과 재정 기반의 강화: 오타가이사마의 활동이 지역에 널리 알려져 행정조직을 비롯해 여러 단체에서 오타가이사마를 소개하는 경우가 많아졌다. 앞으로는 늘어나는 지원 시간에 대응할 수 있도록 코디네이터나 지원자를 적절하게 배치하고, 이들을 육성하는 작업이 요구된다.

② 안전운전 기능 훈련: 이동 지원에 대한 수요가 증가했다. 이동서비스 이용자와 지원 시간이 늘어난 가운데 안전운전과 관련한 기능 향상은 반드시 필요하다.

③ 타 지소의 오타가이사마 설립 지원: 오타가이사마는 생협시마네의 일곱 개 지소 중 세 곳에서 활동했으며[2008년 현재, 오타(太田) 지소

에서는 준비 중), 오타가이사마가 없는 지역에서도 조합원들의 어려움
이 발생하기 때문에 아직 오타가이사마가 설립되지 않은 지역의 지소
조합원에 대한 지원이 요구된다.

8. 나가며

1) 조직 활성화와 지역 만들기

　오타가이사마이즈모는 생협시마네의 공동구입 지소라는 '작은 단
위'에서 시작했는데, 지원자끼리 또는 지원자와 이용자 간 얼굴이 보
이는 관계가 만들어져 지원 횟수가 계속 증가한 것이 뒷받침해주듯
질 좋은 서비스를 만들어왔다. 또한 오타가이사마이즈모의 활동을 통
해 되살아난 새로운 협동의 에너지는 생협에 영향을 주어 생협시마네
를 활성화시켰다. 나아가 생협을 많이 이용하지 않았던 조합원 층이
새롭게 등장했는데, 오타가이사마이즈모 활동을 통해 생협에 대한 충
성심이 높아져 결과적으로는 생협시마네의 이용 결집으로 이어질 가
능성이 나타났다.
　오타가이사마이즈모는 전통적 협동조합인 구매생협이 현재 가지
고 있는 사람과 사람과의 협동적인 연결을 유지하면서 효율적인 사업
조직을 만든다는 과제와, 생활·복지 영역이나 지역 만들기와 관련된
영역에서의 협동이라는 새로운 과제를 하나로 파악하여 극복하고자

하는 것이다.

또한 오타가이사마이즈모는 행정기관이나 여러 단체와 다양한 연계를 맺고 있어 지역 커뮤니티에서도 높은 평가를 받았다. 그리고 오타가이사마이즈모의 운영 스태프와 등록 지원자는 지역 커뮤니티와 연계함으로써 생협시마네와 행정기관, 그리고 여러 지역단체 사이의 접착제 역할을 수행했다.

2) 오타가이사마이즈모의 성격과 생협시마네의 방향성

오타가이사마이즈모는 조합원의 모든 어려움에 대응하는 '보편성'과 행정기관이나 사회복지법인과의 연계를 통해 공적 부문의 일부를 담당하는 '공익성'을 내포한다는 점에서 새로운 협동조합의 특징을 보인다.

생협시마네는 새로운 협동조합적 성격을 지닌 오타가이사마이즈모를 내부에 두어, 구매 영역에서 시장조건의 개선을 목표로 협동해온 기존의 구매생협과는 달리 생활·복지 영역 및 지역 만들기 영역에서의 협동을 내포하는 새로운 방향성을 가진 구매생협으로 전환했다.

3) 생협시마네와 오타가이사마이즈모의 관계

생협시마네는 오타가이사마이즈모의 자립성을 인정하고 사무실이나 지원금 등을 제공하며 지원했다. 생협시마네의 2006년 방침의 기본은 '오타가이사마 문화'(생활에서 시작해 모두가 함께 생각하고 모두가 함께 결정한다)를 조직 안에 더욱 확대시키는 것이다. 생협시마네와 오타가이사마이즈모는 구매생협이 구매생협에서 탄생한 새로운 협동조합을 품는 사례의 전형이라고 할 수 있다. 이를 통해 생협시마네의 전체 또는 지소 단위에서 다양한 협동이 재생되어 조직 전체가 건강해지고 있다는 점에서 의의가 있다.

이처럼 생협시마네가 오타가이사마이즈모를 내부에 품는 방식은 전국적으로도 가장 많이 눈에 띄었는데, 전국의 생활서로돕기모임과 결정적으로 다른 점은 소규모 운영과 다른 커뮤니티와의 연계이다. 다시 말해, 생협시마네와 오타가이사마이즈모는 서로 자립성을 유지하면서 관련을 맺고 새로운 협동을 재생하여 지역 만들기에 힘썼다.

/

제4장

생활클럽생협 도쿄와 와다치의 협동

1. 들어가며

외국에서는 새로운 협동조합이나 워커즈 등 새로운 협동조직을 만들어 다양한 관계성을 회복했고, '새로운 삶의 어려움'을 극복하려는 운동이 확대되었다. 이러한 운동의 확대가 전통적 협동조합에 영향을 미쳐 전체 협동조합 운동이 계속 진화하는 모습을 보여주었다.[1]

일본에서도 1980년대부터 구매생협을 모체로 한 새로운 삶의 방식이자 노동방식으로 워커즈컬렉티브(새로운 협동조합)가 탄생하여 구매생협과 지역사회에 영향력을 미치기 시작했다. 환경·복지·육아·제조·상품 공급 업무 수탁 등 활동 영역이 다양한데, 특히 공동구입의 개별공급 부문[2]에서 등장한 워커즈컬렉티브는 생협 운동의 방향성을 전망할 때 중요한 의미가 있다.

구매생협과 워커즈컬렉티브 간 협동의 특징은 아웃소싱된 구매 사업 기능의 협동조합화와 가정공급센터에서 생협직원과 워커즈의 멤버(노동자)가 함께 일한다는 것이다. 새로운 삶의 방식이자 노동방식으로 등장한 워커즈컬렉티브는 생협의 다양한 업무 현장에서 관계성을 회복하고 협동노동 및 조합원과의 협동관계를 재생하는 등 구매생협에 새로운 방향성을 제시했다. 선진 사례로 워커즈컬렉티브 와다치를 들 수 있다. 와다치는 생활클럽에서 만들어져 1988년부터 공동구입의 개별공급 부문을 위탁받아 활동했는데, 사람들의 생활양식이 변화면서 개별공급이 크게 늘어나 2008년 현재, 열한 개 공동구입센터에서 조직이 다른 열한 개의 와다치가 활동했다. 이들은 주체적 역량을 높이기 위해 와다치그룹협의회(이하 와다치그룹)를 만들어 시스템이나 조직 운영의 통일을 꾀했다.

생활클럽생협 도쿄와 워커즈컬렉티브 와다치의 관계는 구매생협과 구매생협에서 태어난 새로운 협동조합 간의 협동관계이며, 전국적으로 진행되고 있는 구매 사업 기능의 아웃소싱 형태의 협동은 의미 있는 실천이라고 말할 수 있다.

이 장에서는 새로운 삶의 방식이자 노동방식인 와다치의 실천과 생활클럽의 협동을 실증적으로 분석하여, 그 연관성과 의의에 대해 고찰해보고자 한다. 그리고 와다치가 2003년 10월에 독자적으로 실시한 회원의식조사(대상은 와다치그룹 회원 158명, 회수 125명, 회수율 79.1%)를 필요에 따라 인용할 것이다.

2. 워커즈의 탄생과 현황

1) 워커즈의 탄생

워커즈의 원류는 서구의 산업혁명 시기까지 거슬러 올라간다. 1833년 프랑스에서 재봉사들이 파업을 한 후 생활비를 벌기 위해 협동해서 옷을 만들어 판매한 것이 시초라고 전해진다. 이후 영국, 이탈리아, 스페인 등으로 퍼져 '워커즈코프'로 불렸고, 미국에서는 사회와 노동방식에 문제를 제기하면서 스스로 일터를 만든다는 의미에서 '워커즈컬렉티브'로 칭했다.

일본의 워커즈컬렉티브 1호는 1982년 요코하마에서 생활클럽생협 데포(공동구입에 공급할 물품을 모아두는 곳)의 매장 업무를 담당하기 위해 만들어진 워커즈컬렉티브 닌진(にんじん, 人人)이다. 이후 워커즈컬렉티브는 복지와 같은 공익적 영역에서 빵의 제조 및 판매, 육아지원, 개별공급 등에 이르기까지 다양한 영역에서 출자·노동·운영(경영)의 3원칙을 바탕으로 자립적인 사업체를 만들어갔다.

2005년 11월 현재, 전국에 약 700개 워커즈컬렉티브가 있으며, 회원 수는 1만 6000명이 넘는다. 2003년 후생노동성은 「고용 창출기획회의 보고서」에서 커뮤니티비즈니스를 다루었는데, "커뮤니티비즈니스를 담당할 조직 형태로 NPO법인(NPO법인, 그 밖의 시민사회단체), 협동조합(노동자협동조합, 워커즈컬렉티브, 기업조합), 회사(유한회사, 주식회사) 등 세 가지가 있다"고 명시하면서 워커즈컬렉티브라는 용어를 처음으로 사용했다.

2) 워커즈의 노동방식

여기에서는 워커즈의 노동방식을 몇 가지 사례로 정리해보았다. 워커즈의 노동방식에 대해서는 니시무라 이치로(西村一郎)의 조사가 참고할 만하므로 이 중에서 세 가지 사례를 살펴보기로 한다.[3] 첫 번째 사례는 육아지원 노동 '와코레 미쓰바치(ワーコレ・みつばち, 이하 미쓰바치)'*이고, 두 번째는 고령자 지킴이 복지 배달 사업인 '세와야키(世話やき)** 워커즈컬렉티브 하마유(はまゆう)(이하 하마유)', 세 번째는 제조·판매 기업조합 '빵 나무 아루레(あるれ)(이하 아루레)'이다.

구체적으로 하나씩 살펴보자. 먼저 미쓰바치는 2002년에 만들어졌다. 미쓰바치는 부모와 아이들을 지원하는 장을 목표로 하는 보육원이다. 미쓰바치의 직원들은 각자의 생활 패턴에 맞추어 교대로 일을 하며, 아이들 한 명, 한 명에게 식사, 수면, 생활, 언어, 놀이 등을 포괄하는 섬세한 지원을 제공했다. 직원의 시급은 발족 당시에는 100엔이었으나 2008년에는 이용자가 증가하여 700엔으로 인상되었다.

하마유는 1995년에 발족했다. 하마유는 후지사와(藤沢)에 있는 복지클럽생협이 취급하는 식품을 주 1회 공급하는 일을 했는데, 혼자 사

• '꿀벌'이라는 뜻이다.
•• '남의 일을 돌봐주는 것을 좋아하는 것'이라는 의미이다.

는 어르신들에게는 상품을 전달받는 이 시간이 사람과 접촉하는 소중한 시간이었다. 또한 하마유는 현재 지역에서 서로 안부를 확인하고 일상적으로 도움을 주고받는 장으로 자리매김했다.

아루레는 1989년에 발족했다. 아루레는 안전하고 맛있는 빵을 목표로 제조·판매·도매를 모두 담당한다. 아루레의 중요한 판매처는 가나가와(神奈川) 현 생활클럽생협과 복지클럽생협이며, 이들이 판매처의 75%를 차지한다. 그 외 아루레 매장에서 17%, 지바의 생활클럽생협에서 8%가 판매된다. 2004년 사업액은 8700만 엔이었다.

워커즈는 인간다운 새로운 생활방식과 노동방식을 창조했다고 할 수 있다. 또는 관계를 바탕으로 한 생활세계가 깨지고 일상에서, 지역에서 새로운 생활의 어려움이 나타나고 고립화가 진행되면서 새롭게 관계성을 되찾으려는 운동이라고 할 수 있다.

3. 생활클럽생협 도쿄의 개요와 워커즈컬렉티브의 전개

1) 생활클럽생협 도쿄의 형성과 시기별 단계

1965년, 노동조합에 소속된 젊은 활동가들이 생활의 장에서 사회변혁을 도모하기 위해 도쿄 도 세타가야(世田谷) 구에서 우유 공동구입을 시작했다. 당시 시판 우유에 야자유가 혼합된 것이 밝혀져 사회적 이슈가 되었는데, 이 때문에 시작된 우유 공동구입 활동은 이후 젊은 전임활동가들을 중심으로 전개되었다. 이들은 지역의 주부들과 연계하여 1969년에는 생협의 설립으로까지 이어졌다. 생활클럽은 1970년 확립기를 거쳐 1980년대에는 '공동구입을 통한 마을 만들기'로 발전해 갔다. 1990년부터는 '미래의 지자체 단위생협화를 위한 블록단위생협화'라는 방침을 내걸고(제1차 장기계획), 1994년부터 여섯 개 블록단위 생협제로 이행했다. 이것이 2004년에는 네 개 블록제로 재편되었다. 블록단위생협제의 도입 배경에는 '지자체 단위생협' 구상('생활클럽은 마을 만들기에 대한 책임이 있는 공동구입 생협'이라는 선언)이 있었다.

여기에서는 생활클럽 총괄문서인 「생활클럽 제3차 장기계획(2000~2004)」을 바탕으로 생활클럽을 세 시기로 나누어 간단히 소개하고자 한다.

(1) 제1기: 1965~1980년

생활클럽의 확립기로, '지역생활자'로서 동질성을 가진 주부층을 중심으로 소비재(상품)의 공동구입 시스템을 확립한 시기이다. 사회 상황과 영리 중심의 상업주의에 이의를 제기하는 운동으로 등장했다.

(2) 제2기: 1980~1995년

이 시기는 발전기로, 대리인 운동,* 워커즈컬렉티브 운동, 지역복

---

* 생활클럽이 1977년 5월에 시작한 사회운동의 하나로, 기존 정당정치의 문제를 바꾸기 위해 소비자와 납세자, 생활자가 네트워크를 만들어 생활자의 정치 참가를 대리하

지 운동이 확대되고, 데포(매장)나 개인 반(개별공급)이 도입됨에 따라 공동구입에서 마을 만들기로 전환하면서 운동이 지역으로 들어가 발전하는 시기이다[제1차 장기계획(1990~1994)].

(3) 제3기: 1995년~2008년 현재

제2차 장기계획(1995~1999년)을 거쳐 현재까지 이어지는 전환기로, '지역의 사람과 기능을 코디네이트 해서 마을 만들기를 선도하는 생활클럽 운동'을 만들었던 시기이다. 2000년부터 시작한 제3차 장기계획(2000~2004년)은 "한 사람 한 사람이 '개인'으로서 자기결정을 내리며 살아가는 것에 가치를 두는 사회: 사적 영역의 확장"을 목표로 하며, 행정단위별 단위생협 구상에서 마을(町) 구상으로 전환하고 있다. 마을은 기존의 지부로서, 지자체 행정단위 정도로 생각할 수 있다. 블록단위생협은 더 큰 범위로 구상되어 여섯 개 블록단위생협에서 네 개 블록단위생협(현재 4개의 법인 단위생협)으로 재편성되었고, 행정구역별 단위생협화 구상은 철회되었다. 큰 지자체에서는 단위생협화가 가능하지만 작은 지자체에서는 경영상의 문제로 실현이 어렵다는 문제점이 있었기 때문이다. 한편 마을 아래에는 생활권 단위인 지역이 있다.

제4차 장기계획(2005~2009년)에서는 '다양성을 서로 인정하는 공생의 사회'를 앞으로 추구해야 할 새로운 개념으로 정립하고, 키워드는 서브시스턴스(subsistence)와 리커런트(recurrent)로 정했다. 서브시스

는 대리인을 의회에 보내는 사회운동을 말한다.

<표 4-1> 생활클럽생협 도쿄 사업 실적(블록단위생협 사업분 포함)

연도 항목	2002		2003		2004	
	실적	전년비(%)	실적	전년비(%)	실적	전년비(%)
조합원(명)	57,442	105	58,968	102	60,617	102
반공급 반수(반)	4,340	91	4,056	93	3,805	93
출자금(만 엔)	540,776	105	566,415	105	594,257	105
1인당 출자금(엔)	94,143	100	96,055	102	98,035	102
총이용액(만 엔)	2,005,571	106	2,064,169	103	2,078,088	101
1인당 이용액(엔)	29,382	98	29,139	99	28,725	98

자료: 생활클럽생협 도쿄 제37차 정기대의원회총회 의안서(通常総代会議案書).

턴스는 경제를 우선하지 않고 생명과 환경의 지속을 최우선 과제로 삼는 가치관이다. 이런 생각에 기초한 노동방식을 '서브시스턴스 워크(subsistence work)'라고 표현한다. 리커런트는 '유연한 삶을 가능하게 한다'라는 의미를 내포한다.

최근의 사업 실적은 <표 4-1>과 같으며 1인당 이용고가 전국과 비교해 매우 높다.

2) 워커즈컬렉티브의 전개와 지역협동의 네트워크화

이와 같이 생활클럽은 크게 세 시기로 구분할 수 있으며, 2008년 현재는 제3기의 마무리 단계이다. 생활클럽은 워커즈의 노동방식을 서브시스턴스 워크로 파악한다. 이는 근대적 노동 형태인 고용·피고용의 관계 방식에서 벗어나 '경영과 노동의 일체화'라는 협동조합적 개념을 이끌어낸 것으로, 사업 주체이자 노동자인 조합원이 노동을 자주적으로 관리하는 노동방식을 제안한다. 이런 사업체는 커뮤니티를 형성하고 사람들의 생활을 풍요롭게 하는 사업을 시행하며, 효율을 우선시하는 일반 노동시장에 대한 명확한 대향축(對向軸)이다.

이런 가운데 개별공급 업무를 열한 개의 와다치에 위탁하면서 구매 생협과 워커즈의 협동적 연계가 촉진되고 있다. 생활클럽은 워커즈컬렉티브와의 연계에 대해 "'개별공급' 사업국을 담당하는 와다치의 비중이 높아지면서, 워커즈컬렉티브는 생활클럽과 워커즈라는 협동조합 간의 협동이자 사업자로서 존재했다. 워커즈와 생협클럽은 지금까지 실천을 통해 협동을 축적해왔고, 이는 생활클럽 운동에서 큰 가치를 생산함과 동시에 앞으로 협동조합 운동의 나아가야 할 방향을 제시하고 있다. 우리는 이 가치를 이해하고 서로 공유하고 생활클럽과 워커즈가 각자 자립하여 상호 연계의 질을 높여가는 것이 과제이다"라고 말한다. 즉, 생활클럽과 와다치는 단순한 아웃소싱 관계가 아니라 파트너십(협동)의 관계라는 것이 재차 확인된 것이다.

2003년 현재, 생활클럽에서 탄생한 워커즈컬렉티브와 NPO법인 등 협동조직은 80개를 넘어섰다(〈표 4-2〉 참조). 이들의 활동은 지역 내 워커즈 간의 협동, 사회복지법인 설립 등 다양한 형태의 협동을 만들어냈다. 이것은 지역 만들기를 위한 지역 네트워크화로 이어졌다. 예를 들어, 워커즈의 자립을 촉진하기 위해 각 워커즈의 자원을 결집하여, 1993년 4월에 사업협동조합 법인 도쿄워커즈컬렉티브협동조합을 설립했다. 2005년 현재, 49개 단체가 가입했으며, 공동입고·복리후생·교육 등 다양한 사업을 전개했다.

<표 4-2> 생활클럽생협 블록별 워크즈, NPO법인, 그 외 목록(2003년)

블록	명칭	사업 내용	설립년월
23구 미나미 (10개)	(기) 점심모임 · 소(惣)	주문 도시락, 각종 요리	1985.4.
	(기) 와다치 세타가야	개별공급 업무 수탁	1988.5.
	(기) 기획 · 편집의 모노	편집, 기획	1991.4.
	베스트파이브	치수 재기	1991.7.
	(기) 키즈룸 팅커벨	세타가야 구 보육 사업 수탁	1999.3.
	NPO법인 유리노키	다스케아이	1995.5.
	(기) 스페이스 와다치	개별공급 업무 수탁	1996.10.
	NPO법인 피오라	다스케아이	1998.3.
	사무국 워커즈	도쿄워커즈 업무 수탁	2002.10.
	NPO법인 모모	아스케아이	1996.3.
기타도쿄 (16개)	(기) 미치	주문 도시락, 각종 요리, 매점	1984.5.
	(기) 와다치오이즈미	개별공급 업무 수탁	1988.5.
	NPO법인 후로시키	다스케아이	1992.11.
	NPO법인 에프론	다스케아이	1994.9.
	(기) 와다치 세푸토	개별공급 업무 수탁	1994.12.
	마메	쿠키제조, 매장 판매, 도매	1984.4.
	(기) 와다치 이타바시	개별공급 업무 수탁	1994.9.
	NPO법인 아야토리	다스케아이	1996.3.
	NPO법인 히요코	다스케아이	1993.4.
	NPO법인 파레트	다스케아이	1995.3.
	NPO법인 사잔카	다스케아이	1996.3.
	NPO법인 무스비	다스케아이	1999.6.
	보육실 모모	스기나미 구 보육 사업 수탁	2001.11.
	오레가노	라이프 & 시니어하우스, 식사 만들기 수탁	2001.6.
	쓰미키	다스케아이	2003.2.
	히구라시	라이프 & 시니어하우스, 식사 만들기 수닥	2003.6.
다미키타 (31개)	(기) 유메	데이서비스 중식, 고령자 식사 서비스	1993.5.
	NPO법인 허밍	다스케아이	1993.5.
	(기) 쇼	주문 도시락, 식사 서비스	1989.10.
	에코로	기획, 물품 판매	1992.4.
	NPO법인 소요카제	다스케아이	1998.3.
	(기) 게야키	빵 제조, 매장 판매, 도매	1993.4.

	(기) 그레이프	빵 제조, 매장 판매, 도매	1987.1.
	건강체조지도	건강을 유지하는 체조 지도 및 보급	2002.6.
	NPO법인 돈구리	다스케아이	2001.10
	NPO법인 스테키	다스케아이	1994.4.
	(기) 토마토	주문 도시락, 매장 판매	1995.4.
	(기) 라·마망	빵 제조, 매장 판매, 도매	1989.9.
	생활공방 마치마치	편집, 기획, 조사	1992.4.
	NPO법인 포켓	다스케아이	1993.2.
	NPO법인 포켓 후지미	다스케아이	2003.9.
	(기) 와다치 히가시무라야마	개별공급 업무 수탁	1994.6.
	(기) 그레인	빵 제조, 매장 판매, 도매	1996.3.
	NPO법인 훗토워크	다스케아이	1993.10.
	(유) 아유미	쿠키 제조, 매장 판매, 도매	1984.6.
	NPO법인 라이후에이도	다스케아이	1998.1.
	NPO법인 아크슈	다스케아이	1994.12.
	NPO법인 오키나카부	다스케아이	1995.3.
	구사노미	협동촌 관리 운영 수탁	1995.5.
	NPO법인 구아노미	다스케아이	1995.9.
	NPO법인 노조미	다스케아이	1996.2.
	포트 포트(Pot pot)	과자 제조, 판매, 음식점, 기획	2000.10.
	와다치·유니티	개별 배송 업무 수탁	2001.3.
	블루베리	데포 위탁 판매	2004.9.
	와다치 게이앗슈	개별공급 업무 수탁	2005.4.
	가제구루마	다스케아이	2004.4.
	파스텔	다스케아이	2005.3.
다마미나미 (23개)	코스모스(COSMOS)	빵 제조, 매장 판매, 도매	1989.9.
	하나무스비	주문 도시락, 각종 요리	1989.9.
	나사이	예약 판매	1989.9.
	NPO법인 시민유니트 리본	다스케아이	1993.4.
	NPO법인 구루미	다스케아이	1994.4.
	NPO법인 식사 서비스 가타구리	식사 서비스	1995.9.
	기주(喜樹)	재활용 가게	1998.9.
	NPO법인 비스킷	다스케아이	1994.6.
	(기) 본	농산가공품 제조, 도매, 판매	1984.5.
	(기) 와다치 아이	개별 배송 업무 수탁	1990.4.

NPO법인 나노하나	고령자 식사 서비스	1991.3.
NPO법인 마치다	다스케아이	1993.2.
NPO법인 쓰무기	다스케아이	1993.11.
가제	가벼운 식사, 찻집, 수탁사업	1998.5.
(기) 구인즈	주문 도시락, 식사 서비스	1984.5.
NPO법인 나카요시	다스케아이	1993.9.
NPO법인 고모레비	다스케아이	1993.12.
NPO법인 하코베	다스케아이	1994.4.
(기) 와다치 산즈	개별 공급 업무 수탁	1995.9.
(기) 완모아	주문 도시락, 각종 요리	1995.2.
NPO법인 보·보	다스케아이	1996.5.
와다치 엔	개별 공급 업무 수탁	2001.4.
가미쓰레	데포 위탁판매	2004.10.

총 80개

주: 고딕으로 표시된 단체는 워커즈컬렉티브 와다치.
자료: 생활클럽생협 도쿄 제37차 정기대의원총회 의안서(常総代会議案書).

본래 도쿄워커즈컬렉티브협동조합의 전신은 1984년 각각의 워커즈가 지역 간 정보 교환과 교류를 목적으로 시작한 회장 회의이다. 이후 제빵, 배달 도시락 제조, 농산물 가공 등 식품 관련 워커즈 설립을 계기로 식자재의 공동입고를 시작했다. 1989년에는 ① 워커즈컬렉티브를 만들어 일하는 사람들의 노동방식을 더 풍요롭게 한다, ② 워커즈컬렉티브의 자립을 촉진한다, ③ 사회에 '또 하나의 노동방식'을 적극적으로 알린다는 것을 목적으로 하는 워커즈컬렉티브연합회를 설립했다. 1993년에 입고 사업을 확장하면서 사업협동조합 도쿄워커즈컬렉티브협동조합으로 조직을 전환한 것이다.

이와 같이 워커즈컬렉티브의 전개와 지역의 네트워크화는 모체인 생활클럽과의 관련과 워커즈 간의 네트워크화가 진전되면서 지역 만들기로 활동을 넓혀가고 있다.

4. 와다치그룹 현황과 생활클럽과의 협동

1) 와다치그룹의 현황

2008년, 와다치그룹은 열한 개의 워커즈컬렉티브 와다치로 구성되었다(〈표 4-3〉 참고). 이들은 개별공급을 중심으로 생활클럽 사업고의 50% 이상을 위탁받았다. 2005년 11월 현재, 와다치그룹 회원 141명과 장기 아르바이트생 52명, 총 193명이 근무했다. 최근 와다치의 구성원은 초창기와 달리 조합원보다 일반 노동시장에서 채용한 사람이 주를 이루고 있다 .

〈표 4-3〉 와다치그룹 조직 개요(2005년 11월)

블록	조직명(센터)	설립년월	회원 수 (명)	아르바이트 수(명)	차량 보유 대수(대)
23구 미나미	(기) 세타가야(세타가야)	1988.5.	18	7	10
	(기) 스페이스(오타)	1996.10.	11	4	8
기타도쿄	(기) 오이즈미(오이즈미)	1988.5.	13	5	13
	(기) 세푸토(네리마)	1994.12.	14	3	10
	(기) 이타바시(이타바시)	1994.9.	23	0	10
다마키타	(기) 히가시무라야마 (히가시무라야마)	1994.6.	10	6	9
	유니티(아오미)	2001.3.	6	1	0
	(기) 게이앗슈(고다이라)	2005.4.	14	3	5
다마미나미	(기) 아이(마치다)	1990.4.	13	11	9
	(기) 산즈(조후)	1995.9.	11	7	7
	엔(다마 종합)	2001.4.	8	5	0
합계	11개		141	52	81

주: 센터는 생협의 공동구입센터명, (기)는 기업조합.
자료: 생활클럽생협 도쿄 제37차 정기대의원총회 의안서(通常総代会議案書)와 와다치그룹 제2차 장기계획 자료를 바탕으로 필자가 작성.

<표 4-4> 와다치그룹 사업액 추이

(단위: 천 엔)

조직명	2000년	2001년	2002년	2003년	2004년
세타가야	58,154	73,317	68,750	79,199	91,403
스페이스	38,070	48,390	46,370	49,500	49,360
이타바시	24,180	40,856	54,922	71,172	79,068
세푸토	28,517	38,948	46,894	51,724	64,790
오이즈미	55,120	57,630	62,710	65,560	71,840
게이앗슈	64,788	82,023	76,543	77,897	55,585
히가시무라야마	38,257	47,561	39,108	42,454	46,866
유니테	-	6,627	10,261	12,145	13,315
산즈	20,656	27,223	48,173	45,767	55,602
엔	-	10,213	20,681	27,517	31,759
아이	44,334	51,378	61,281	63,138	66,764
합계	372,076	484,166	535,693	586,073	626,352

자료: 와다치그룹 제2차 장기계획 자료.

생활클럽과 와다치는 단순히 위탁-수탁의 관계가 아니라, 협동사업으로 만들어진 워커즈컬렉티브 와다치와 생활클럽생협 도쿄라는 협동조합 간의 연계라고 할 수 있다. 와다치는 경제적 자립을 목표로 하기 때문에 대부분이 기업조합이라는 법인격을 가진다. 최근 5년간 사업액이 약 두 배 증가해 경제적으로도 성장했다(〈표 4-4〉 참고).

개별공급을 받는 조합원이 급증함에 따라 업무량과 육체적 부담이 증가하여 와다치 회원 중 남성 비율이 높아졌다. 남성 회원이 증가하면서 직장의 분위기도 바뀌고 코스당 공급 효율도 좋아졌다. 한편 여성 회원의 경우, 생활클럽생협 도쿄의 조합원이었던 사람이 절반 정도를 차지하지만 조합원 활동에 참여해본 사람은 거의 없는 것으로 나타났다.

2) 와다치그룹의 위치와 매출액 추이

생활클럽은 2000년부터 시작한 제3차 장기계획(2000~2004년)에서 와다치를 '생활클럽의 직원과 어깨를 나란히 하는 사무국의 주체'로 규정했다. 이에 기초하여 와다치그룹도 자신들의 방향성과 목표가 필요하다고 인식하고, 2000년에 '와다치 중장기계획'을 처음으로 수립했다.

와다치그룹의 사업액은 개별공급사업 위탁료를 합친 것인데, 〈그림 4-1〉에서 확인할 수 있듯이 개별공급이 늘어나 사업 수익도 매년 증가했다.

2002년 4월 말에는 개별공급 조합원이 반공급 조합원을 넘어섰다. 개별공급이 더 이상 보조시스템이 아니라 생활클럽의 중심시스템이 되어 종합적인 재점검이 요청되었다. 따라서 중심시스템이 된 개별공급업무를 위탁받는 와다치그룹의 비전과 이를 실행할 능력은 생활클럽이 앞으로 나아가야 할 방향과 관련해 큰 의미를 차지할 수밖에 없다.

〈그림 4-1〉 와다치그룹 사업액 추이

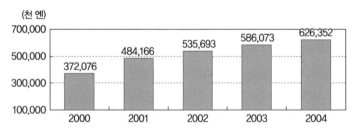

자료: 와다치그룹 제2차 장기계획 자료.

3) 와다치그룹과 생활클럽의 협동관계

와다치그룹은 개별공급 조합원의 급증 추세가 어느 정도 안정된 2002년 6월, 와다치 중장기계획을 2년 만에 총괄하여 '중장기계획개혁안'을 내놓았다. 이 개혁안에서는 사업을 발전적으로 지속해 나가는 것과 경영과 업무 면에서 생활클럽을 지탱해주는 사업체로서의 판단 기준이 정해졌다. 또한 조직 능력을 높이기 위해 조직 운영, 이용 촉진, 안전운전, 업무 및 조직 관리 등에 대한 평가시스템을 도입했다. 이를 통해 와다치그룹은 생활클럽과 방향성을 공유하고, 생활클럽과 합의한 목표는 반드시 달성한다는 계약상 약속을 실현할 수 있는 조직이 되는 것을 목표로 삼았다.

와다치 중장기계획의 새로운 방침은 다음과 같다. ① 생활클럽과의 파트너십 관계를 추구하고, ② 와다치만이 가지는 현장성을 살린 '생활클럽 사무국'으로 기능하며, ③ 와다치만의 기능을 발휘해 상품 이용에 그치지 않고 참여하도록 독려하는 생활클럽조직 운영 방침 등을 정하여 와다치의 독자적인 색깔이 배어나오도록 한다.

와다치그룹과 생활클럽의 협동관계는 그동안 와다치그룹 구성원들의 의식을 변화시켰다. 2003년 실시된 설문조사에 따르면, 와다치에서 일하는 목적 중에 생활클럽 운동을 실천한다는 목적이 '있다'라고 응답한 사람이 81.6%로 상당히 높았으며, 남성 및 가입 5년 미만인 사람들도 생활클럽에 공감하면서 일한 것으로 나타났다. 또한 '취급하는 상품에 대해 자긍심을 가지고 이용을 권하며, 조합원에 대한 책임을 다하고 조합원들과 신뢰를 쌓아가고 싶다', '조합원을 만족시키는 것을 와다치에서 일하는 보람으로 삼고 싶다' 등에 대한 응답이 82%였다. 이러한 답변은 업무를 통해 생활클럽의 사상과 마음가짐을 몸에 익힌 것의 결과라고 할 수 있다. 설문조사 당시 와다치에 들어온 지 5년 이상 된 사람은 54명으로 43.2%, 5년 미만은 71명으로 56.8%를 차지하여 경험이 다소 부족해 조직으로서는 미성숙한 단계였다. 와다치에 가입한 동기를 묻는 질문에서는 처음에는 수입을 얻기 위한 목적이라고 응답한 사람이 91명으로 72.8%였으나, 이 중 반수 이상인 48명은 생각이 바뀌었다고 응답했다. 그리고 그중 24명은 생활클럽 운동, 워커즈 운동을 위해서 와다치에서 활동을 한다는 생각으로 바뀐 것으로 나타났다.

5. 와다치오이즈미 사례

1) 기타도쿄생활클럽 오이즈미센터 개요

2008년 생활클럽생협 도쿄는 네 개의 블록단위생협[도쿄 23구 미나미, 기타도쿄, 다마키타, 다마미나미]으로 구성되었으며, 와다치오이즈미는 기타도쿄생활클럽생협의 오이즈미센터의 소속이었다. 기타도쿄생활클럽생협에는 공동구입센터(반공급, 개별공급) 네 개가 있었다. 2004년 공급액은 54억 9727만 9000엔, 경상이익은 748만 엔(0.1%)이다. 반공

급 조합원은 6089명(전년 6769명)이고, 개별공급 조합원은 1만 1122명
(전년 1만 253명)이다.

네 개의 공동구입센터 중 하나가 오이즈미센터이며, 1976년 11월
에 개설되었다. 2004년 말, 오이즈미센터의 반공급 조합원은 1445명
(전년 1589명), 개별공급 조합원은 2979명(전년 2812명), 전체 조합원은
4424명(전년 4401명)이다.

와다치오이즈미는 오이즈미센터의 개별공급 업무를 1988년부터
위탁받아 담당하고 있다.

2) 와다치오이즈미의 형성

(1) 배경

생활클럽은 1982년 이래 여성을 중심으로 한 워커즈 운동을 전개
해왔다. 하지만 파트타임 노동에 대한 비판과 생활클럽에 조합원과
사무국 이외의 일자리를 창출하자는 의견이 나와 개별공급을 워커즈
에 위탁하기로 결정했다. 이는 조합원이 개별공급 사업을 추진하여
조직화한 지역에서 조합원 스스로가 개별공급 업무를 해나가는 방향
으로 전개되었다. 이때 외부에 위탁하는 것이 아니라 내부에서 구축
해나간다는 기본 원칙을 확실하게 관철했다.

(2) 와다치오이즈미의 형성 과정

와다치오이즈미는 1988년 5월에 설립되었고, 생활클럽의 개별공급

부문과 처음으로 연계한 것이 워커즈컬렉티브이다. 와다치오이즈미는 기타도쿄생활클럽생협 오이즈미센터의 개별공급을 위탁받았다.

1984~1994년에는 법인격을 갖추지 않은 임의단체였으며, 가정공급 지역도 한정된 실험 단계 조직이었다. 1994년에는 '워커즈법(ワーカーズ法)'이 없었기 때문에 노동조건 정비나 사회적 인지를 고려해 '중소기업등협동조합법'에 기초한 기업조합 법인격을 취득하고 배달업으로 등록하여 사회보험 등 노동환경을 정비했다. 와다치그룹에서는 오이즈미가 최초로 기업조합을 취득했다.

3) 와다치오이즈미 현황

(1) 조직 및 사업 개요

2004년 말 현재, 와다치오이즈미의 출자금은 159만 엔이며, 남성 직원 열두 명(아르바이트 4명), 여성 직원 여덟 명(아르바이트 2명), 사무 아르바이트 직원 여성 한 명 등 총 21명과 이사장으로 구성되었다.

총회는 연 1회, 이사회는 월 1회 개최하며, 이때 운영회의와 경영회의를 겸한다. 여섯 명으로 구성된 리더회의를 월 2회 열어 운영회의에 낼 제안을 검토했다. 전원이 참석하는 운영회의는 월 2회 진행되며, 여기에서 경영, 운영, 업무 등에 대한 전반적인 검토와 의사결정이 이루어졌다.

초창기에는 [여성 - 옮긴이] 조합원의 비중이 높았지만, 최근에는 남성의 참여도 늘어 성별 비율 면에서 조화를 이루고 있다.

주 업무는 배달 및 조직운영이며, 아르바이트는 공급업무만 담당한다. 최근 남성의 참여가 증가했는데, 그 원인으로 두 가지를 생각해볼 수 있다. 첫째, 조합원이 증가함에 따라 총 이용 건수가 증가했지만, 가구별 이용액은 감소했다. 이에 따라 경영 효율이 떨어지면서 직원의 노동시간이 늘어나 남성 직원 비율이 증가했다. 둘째, 담당 공급 코스의 목표가 생겼다. 공급업무는 물건을 배달하는 것뿐 아니라 '소중한 조합원들과 직접 만나 생활클럽의 가치를 전달하고 이용을 독려하며 활동에 대한 참여를 촉진하는 중요하면서도 전략적인 일'로 그 의미가 바뀌고 있으며, 관리 능력, 개인 응대 능력, 목표 달성 의욕, 안전운전까지 요구된다. 이에 [여성 — 옮긴이] 조합원이 대응하기 어려워진 면이 생겼다.

개별공급이 성장하는 추세와 함께 사업 실적이 올랐으며, 2004년 사업액은 7184만 엔이다(〈표 4-4〉 참조).

(2) 업무 개요

공급 업무와 관련한 사항은 〈표 4-5〉에서 확인할 수 있다. 와다치 오이즈미는 평균 4년은 같은 사람이 같은 지역에 공급하도록 규정하고 있다. 따라서 구성원은 조합원과 잘 아는 사이가 되고, 지역의 사정을 잘 이해할 수 있게 된다. 물품을 공급받는 조합원 가정의 약 2/3는 배달 당일에 집에 있는 경우가 많아 공급업무를 맡은 직원은 대부분의 조합원들에게 말을 건넨다. 밝게 인사를 건네고 즐겁게 대화를 나누면서 일대일 대면을 통한 소통의 장을 만들어내고 있는 것이다.

〈표 4-5〉 와다치오이즈미의 일상 업무 모델과 경제성

· 공급일

월~금(국경일에도 공급), 토 · 일은 휴일이며, 이외에 연 3회(연말연시, 5월 골든위크, 추석) 9일을 쉰다.

· 공급모델

오전 8시~9시 20분 짐 싣기, 오전 9시 20분~11시 30분 30세대 공급/짐 싣기, 오후 1시 30분~3시 30분 30세대 공급, 주 5일 공급일 중 반나절(2회)은 내부 조직운영 업무에 해당되므로 공급은 없다. 한 공급자가 일주일 평균 1일 60세대 × 4일 = 240세대에 공급한다.

· 경제성

공급자 한 사람의 1개월 공급액은 약 640만 엔, 연평균 7700만 엔.

자료: 인터뷰를 바탕으로 필자가 작성(2006년 1월).

와다치 업무의 최대 과제는 1인당 상품 이용액을 높여 공급 코스별 경제성을 높이는 것이었다. 구성원은 먼저 조합원과의 신뢰관계를 형성하고, 조합원의 입장에서 요구를 듣고 조합원 한 사람 한 사람에게 적합한 상품을 추천하는 것에 항상 주의를 기울였다. 와다치에서 정기적으로 시행했던 선물세트 공급 촉진 기획에서는 조합원 활동가와 함께 이동하며 조합원에게 직접 추천하도록 하기도 했다. 또 신규가입자들의 계속적인 이용을 유도하기 위해 가입 후 6개월 동안은 적극적으로 대응했다.

공급 담당자는 일주일에 하루(반나절 × 2회)는 공급 업무가 없고 내부의 조직운영 업무나 창고 정리 작업을 했다. 운영이나 업무에 관한 회의, 미팅, 학습회, 연수 등은 주 1~2회 저녁시간에 진행되었다.

2001년부터는 구성원의 업무 능력 향상과 성과 달성 촉진을 위해 팀 활동을 실시했다. 현재는 안전운전, 물류 및 창고 관리, 공급 촉진, 신규가입자 지원(SLA), 사무, 인재 개발, 코스 관리 및 분석, 코스 매니

지먼트 등 여덟 개 팀이 편성되었다.

코스별 경제성은 〈표 4-5〉와 같은데, 전국과 비교하면 담당자당 배달 일수가 적은 것에 비해서는 선전했다고 볼 수 있다.

공급 담당자의 코스별 경제성은 '공급(반공급 또는 개별공급) 수 × 한 곳당 평균 이용액(1인당 이용액 × 이용자 수)'로 산출하는데, 조합원과 소통을 하면서도 경제성을 높이기 위해서는 이용자 수를 늘리거나 1인당 이용액을 높이는 수밖에 없었다. 특히 1인당 이용액을 높이는 실천은 조합원의 생활에 도움이 되는 정도를 높이는 것과도 연결되기 때문에 중요하게 여겼다.

(3) 와다치오이즈미와 생활클럽의 현장에서의 연계

와다치오이즈미의 구성원들은 자립적이고 매사를 주체적으로 생각하며 업무에도 적극적이고 긍정적으로 참여했다. 조합원의 1인당 이용액을 높이기 위해 노력했는데 이런 모습이 생활클럽 직원들에게도 영향을 주었다(센터장).

생활클럽과 와다치오이즈미는 특히 생협공제 캠페인을 통해 연계하는 경우가 많았다. 구체적으로는 생활클럽 직원과 와다치 구성원으로 혼합팀을 편성해 함께하는 것으로 성과를 올렸다. 2006년 1월의 생협공제 겨울캠페인에서는 〈표 4-6〉과 같이 팀을 편성하여 전체의 추진 리더를 생활클럽과 와다치에서 각각 한 명씩 선출했다.

보통 와다치의 목표와 생활클럽의 목표는 따로 있었고 자기 조직의 목표 달성을 최우선으로 두고 사업을 펼쳤지만, 공제 캠페인과 같이

〈표 4-6〉 생협공제 겨울 캠페인(2006년 1월) 팀 편성

	팀 KEN	고몬 일행 팀	밋짱과 함께	팀 UEHAR
생활클럽 직원	정직원(남) 1명 아르바이트(여) 1명	정직원 (남) 1명 아르바이트(여) 2명	정직원(남) 2명 아르바이트(여) 1명	정직원(남) 1명 아르바이트(여) 1명
와다치 구성원	(남) 2명 (여) 2명	(남) 4명 (여) 1명	(남) 3명 (여) 2명	(남) 4명 (여) 1명
합계	6명	8명	8명	7명

자료: 기타도쿄생활클럽생협 오이즈미 센터의 공제 캠페인 자료.

주제에 따라서는 서로의 목표가 같다고 생각하여 좀 더 효과적인 사
업 추진을 위해 함께 활동했다.

(4) 노동조건과 인재 육성

노동시간은 보통 오전 8시부터 오후 6~8시까지인데, 임금을 포함
해 전반적인 노동조건을 개선하기도 했다.

와다치 인재 육성의 기본은 OJT(On-The-Job Training)인데 독자적으
로 워커즈컬렉티브 와다치에서 요구하는 열두 가지 능력 및 자세를
정하여, 항목에 따라 인재 육성이 이루어졌다. 그 내용을 보면 다음과
같다. ① 실무 내용을 확실히 이해하고 실수 없이 실행한다. ② 실무
능력과 경영 능력을 통해 조합원에게 신뢰를 얻는다. ③ 관리 능력을
갖춘다. ④ 경영 마인드를 갖춘다. ⑤ 문제를 발견하고 해결하는 능력
을 갖춘다. ⑥ 목표를 늘 생각하고 달성하려고 노력한다. ⑦ 항상 업
무상의 효율을 생각한다. ⑧ 일의 결과를 중시한다. ⑨ 맡은 일에 책
임을 다한다. ⑩ 조합원에게 성실하게 응한다. ⑪ 주체적으로 일한다.

⑫ 조직 목표를 개인 목표와 연동한다.

6. 생활클럽과 와다치의 협동의 의의

1) 생협 노동과 워커즈 노동의 결합과 효과

워커즈 노동은 인간의 근원적인 노동방식이라고 하는 서브시스턴스 노동의 선구적 실천이라고 볼 수 있다. 한편 생협 노동은 조합원의 가정 내 노동을 보완하고 보조하는 의미의 전문 노동이자 생활지원 노동이며, 내용 면에서는 서브시스턴스 노동과 비슷하다. 그러나 최근의 생협 노동은 부서 간 연계와 조합원과의 관계가 약화되어 지원 노동으로서의 기능이 약해진 경향이 있다. 따라서 한 직장에서 생협 노동과 워커즈 노동이 함께 이루어진다는 것은 워커즈의 노동방식이 생협의 노동방식에 영향을 미쳐 본래의 지원 노동으로서의 생협 노동이 부활할 가능성을 마련한 것이라고 할 수 있다.

2) 생활클럽과 와다치의 협동과 생협 운동의 쇄신 가능성

구매생협이 여러 어려움에 처한 상황에서, 생활클럽과 워커즈의 협동은 작은 규모이지만 워커즈가 착실하게 발전하면서 구매생협에 긍정적인 영향을 주고 이로써 생협 운동 전반이 발전할 수 있도록 한다.

둘은 각기 독립적인 사업체이지만 한 직장 안에서 협동하기 때문에 주고받는 영향의 정도가 상당히 높아 생협 운동은 끊임없이 쇄신을 거듭할 것이다.

3) 운명공동체적 협동관계의 형성과 상호 발전

생활클럽은 개별공급이 급증하는 가운데 전체 사업 매출액의 50% 이상을 차지하는 공급 업무를 와다치에 의존했으며, 와다치도 생활클럽 운동의 발전 없이는 자립하기 어려워 서로가 대등하고 평등한 운명공동체적 협동관계를 형성했다.

이와 같은 협동관계에 있기 때문에 두 조직은 서로의 지속적인 발전을 위해 각자의 입장에서 어떤 주장이나 제언을 하게 된다. 생활클럽은 열한 개의 다른 조직으로 구성되어 있는 와다치그룹에 수준이 제각기일 경우 시스템을 짜기 어려우므로 조직의 수준을 향상시키고 체계를 통일할 것을 요구했다. 한편 와다치는 생활클럽 운동과 사업의 발전을 위해, 방침이나 정책에 대해서도 조합원과의 접촉을 통해 느낀 생활의 목소리를 반영한 제안을 하기도 했다. 이러한 연계는 서로의 발전을 더욱 촉진하고 신뢰관계를 강화시키는 것으로 이어진다. 또 현장에서는 공제 캠페인를 펼칠 때와 같이 생활클럽 직원과 와다치 구성원이 혼합팀을 이루어 협력 효과를 발휘했다.

2007년 8월부터 생활클럽과 와다치의 경영 대표들이 참석하는 '와다치·생활클럽 경영협의회'(이하 경영협의회)가 정식 협의의 장으로 출범했다. 경영협의회는 경영 차원의 과제 해결과 협동관계(파트너십)를 좀 더 강화하여 협동조합 간의 협동이 만들어내는 새로운 가치를 위해 협의를 계속하고 있다.

4) 협동노동과 조합원과의 협동관계의 재생

공동구입 사업에서 조합원의 의견이 집중적으로 모이는 곳이 바로 공급 현장이다. 그렇기 때문에 현장에서 조합원의 목소리를 파악할 준비를 하는 것은 매우 중요하다. 그러나 현실적으로 공급 담당자들이 시간에 쫓겨 조합원과 소통할 기회가 줄어들어 조합원의 생활과 목소리에 다가서는 것이 어려운 실정이었다.

와다치는 조직의 사업 수입이 생활클럽의 공급액(조합원 이용액)에 비례하기 때문에, 공급을 할 때 조합원과의 소통을 최우선으로 한다. 조합원 한 사람 한 사람에게 다가가 관계를 쌓아가는 것을 중시하는 것이다. 또한 조합원의 이용 상황을 파악하는 데도 힘을 기울여 조합원들에게 도움이 되는 정도를 높이기 위해 이용 촉진을 업무의 가장 중요한 과제로 삼았다. 다카노리 게스케(毛利敬典)는 구매생협 몇 곳을 조사한 후 "공급 담당자와 조합원의 관계성과 이용액에는 상호관계가 있다"[4]고 발표했는데, 와다치가 바로 이와 관련한 도전을 했던 것이며, 이런 활동은 생활클럽 직원에게도 영향을 미쳤다. 이리하여 공급은 단순히 정형화된 업무가 아닌 조합원과의 협동관계를 되살리면서 고도의 협동노동으로 진화했다.

7. 와다치의 과제

1) '협동사업'의 주체 형성

우선 생활클럽의 제4차 장기계획을 달성하기 위해 구성원 각자의 역량을 높여 와다치그룹 전체의 수준을 높이는 것이 요구된다. 또 열한 개의 서로 다른 현장 조직으로 구성되어 있는 와다치그룹은 각각의 조직이 도달한 수준이나 운영 방식, 구성원의 역량 차원에서도 크게 차이가 나 조직 수준을 끌어올리고 통일하는 과제를 안고 있다. 그래서 와다치그룹은 2005년부터 생활클럽의 협동사업의 주체가 되기 위한 조직 통합을 검토하기 시작했다.

2) 동기부여

와다치의 구성원을 보면, 개별공급의 증가와 그에 따른 업무 질의 변화로 초창기와 비교했을 때 남성이나 일반 노동시장에서 채용된 사람이 증가하는 경향을 보이고 있다. 이 때문에 근속년수가 짧은 구성원은 생활클럽 조합원의 생활상이나 지역 상황을 파악하지 못하고 있거나 이에 대한 관심이 떨어지는 현상도 나타나고 있다. 이러한 상황을 극복하기 위해서는 생활클럽 운동에 대한 이해를 돕고 이와 관련한 동기부여를 끊임없이 해주는 노력이 중요하다.

3) 경영 기반의 강화

지금까지 와다치의 사업액은 증가하고 있으며 손익구조도 개선되고 있지만, 재무구조는 여전히 취약하다. 구성원들이 미래에 대한 꿈과 비전을 가지고 일할 수 있는 조건을 만들기 위해서라도 하루빨리 재무구조를 개선하고 경영 기반을 강화해야 한다.

8. 나가며

1) 와다치의 성격과 관련의 방향성

생활클럽에서 탄생한 와다치는 '출자·노동·운영(경영)'의 3원칙으로 운영되며, 법제화는 실현되지 못했지만 일종의 '새로운 협동조합'이라고 볼 수 있다.

현재 와다치는 생활클럽과 운명공동체적 협동관계로까지 발전해 있고, 이러한 협동관계는 생활과 지역에서의 상호관계를 소중히 하는 인간다운 '새로운 삶의 방식·노동방식'과 협동노동을 양성하여 서로 영향을 주고받으면서 지속적인 발전을 담보해오고 있다.

구매생협과 워커즈의 관련은 전국적으로는 아직 크게 퍼지지 않았지만, 생협과 와다치의 관련은 구매생협이 나아가야 할 새로운 방향을 가리키는 것이며 새로운 생협상에 대한 모색이라고 할 수 있다.

2) 생활클럽과 와다치의 관계

와다치는 원래 생활클럽에서 생겨났지만 지금은 '중소기업 등 협동
조합법'에 의거한 기업조합으로 독립했으며, 주요 업무는 개별공급을
위탁받아 공급하는 것이다. 생활클럽과 와다치의 관련은 아웃소싱된
구매 사업 기능의 협동조합화와 독립한 조합 간의 대등하고 평등한
협동관계를 보여준다. 현재 와다치는 생활클럽 전체 사업액의 50%
이상을 위탁받고 있어 양자의 관계는 이제 분리할 수 없을 만큼 긴밀
해졌다.

제5장

교리쓰샤 쓰루오카생협과 니지

1. 들어가며

전국의 구매생협들은 지역에서 조합원의 요구를 실현하고 경영 기반을 강화하기 위해 지역 연대와 조직 통합(합병)을 추진해왔다. 그리고 1980년대 후반부터는 현 경계를 넘어선 '지역사업연합'[1]을 만들었다. 이런 가운데 야마가타(山形) 현에 있는 생협교리쓰샤는 전국에서 전개 중이었던 통합 방식과는 다르게 '연방제'를 받아들이고, 지역 차원에서 지역의료생협 및 다른 여러 단체와 연계해 '지역협동조합연합'을 결성했다.

1979년 쓰루오카, 신조(新庄), 기타무라야마(北村山)의 지역생협이 연방제를 시작했고(제1차 교리쓰샤), 1984년에는 사카타(酒田), 야마가타, 덴도(天童)가 참가하고(제2차 교리쓰샤), 여기에 난요(南陽), 사가에

(寒河江), 니시오키타마(西置賜), 요네자와(米沢)가 합류했다. 2008년 현재, 생협교리쓰샤는 야마가타 현 일원의 열 개 지역생협으로 구성된 생협법인이다. 생협교리쓰샤는 가장 오래된 역사를 가진 교리쓰샤 쓰루오카생협이 생긴 이래 일관되게 운동과 사업을 하나로 합쳐 '공동의 힘으로 더 좋은 생활을 만드는 것'(설립취의서)을 목적으로, 고령화와 경제공동화가 진행되는 가운데 '더 좋은 생활과 안심하고 살 수 있는 지역사회 만들기'를 추진해왔다.

그동안 교리쓰샤 쓰루오카생협은 같은 지역에서 활동했던 쇼나이(庄ない)의료생협과 사회복지법인 야마가타니지회 등 협동조합이나 협동조직과 지역협동조합연합을 만들어 복지·의료 영역의 요구에 대응하여 적극적인 활동을 펼쳐왔다. 지역협동조합연합은 항상 조합원의 생활과 지역에서 나오는 요구에 맞추어 대응했으며, 그 요구를 실현하기 위해 자신들의 조직 틀 안에 머물지 않고 다른 협동조합이나 협동조직과 적극적으로 협동했던 것이 가장 큰 특징이다.

그리고 2004년 4월, 지역협동조합연합을 매개로 교리쓰샤 쓰루오카생협과 쇼나이의료생협 등 여섯 개 조직이 공동출자하여 '언제까지나 안심하고 살 수 있는 마을 만들기'를 목표로 쇼나이 마을 만들기 협동조합 '니지'를 발족시키고 돌봄 서비스가 제공되는 고령자 주택 건설과 급식, 배식 등의 사업을 전개했다. 니지는 '중소기업 등 협동조합법'에 근거한 사업협동조합이지만, 활동 영역과 높은 공익성으로 미루어볼 때 '새로운 협동조합'이라고 할 수 있다.

니지는 교리쓰샤 쓰루오카생협을 축으로 구성된 지역협동조합연합을 매개로 탄생했지만 교리쓰샤 쓰루오카생협과 니지의 관련은 지역에서 새로운 협동을 되살린다.

이 장에서는 지역협동조합연합의 중심적 존재인 교리쓰샤 쓰루오카생협의 역사와, 지역협동조합연합을 매개로 만들어진 쇼나이 마을 만들기 협동조합 니지의 활동 내용을 정리하고, 두 조직의 관련과 그 의의에 대해 고찰한다.

2. 쇼나이 지역 개요

1) 위치

야마가타 현은 현의 가운데에 남쪽으로 솟아 있는 데와(出羽) 구릉지를 사이에 두고 크게 린산(林山) 지방과 쇼나이(庄内) 지방으로 나뉜다. 두 지방은 자연환경이 다를 뿐 아니라 역사적으로도 경제나 문화의 흐름이 다른 각각의 특징이 있다.

쇼나이 지방은 야마가타 현의 동해에 면해 있고 데와삼산(出翼三山) 등 산으로 둘러싸여, 풍요로운 자연의 혜택을 받는 지역이다. 또 쇼나이 히라노 평야는 일본 유수의 쌀 곡창지대이며, 동해에서 잡히는 송어의 일종인 사쿠라마스와 굴 등 해산물도 전국적으로 높은 평가를 받고 있다.

2) 인구 동향

1989~2000년 10년간 쇼나이 지역 인구는 사카다(酒田) 시(215명 증가)와 쓰루오카 시(838명 증가)를 제외하고 총 8604명이 감소했다. 이는 마을 하나가 없어진 것과 같은 심각한 상황이다. 고령화율도 지난 15년 간(1989~2004년) 9~12% 증가했다. 쓰루오카 시의 고령화율은 1989년 15.4%였으나 2004년에는 24.4%를 기록해 9.0%p 증가했다. 가구 수가 늘긴 했으나 혼자 사는 가구나 둘이 사는 고령자 세대가 늘고 있다.

3) 산업구조와 노동인구의 변화

쇼나이 지역의 기간산업은 역사적으로 1차 산업, 즉 쌀 재배 중심의 농업과 쇼나이 해안을 중심으로 한 어업, 그리고 축산과 임업이다. 2차 산업도 풍부한 원재료를 활용한 식품 가공이 선두를 차지한다. 그러나 1990~2000년 10년 동안 농가 수가 20%나 감소했고, 겸업농가는 1985~2000년에 반으로 줄었다. 한때 쓰루오카 주변에 공업단지가 생겨 1차 산업을 떠난 사람들을 흡수할 수 있었던 시기가 있었지만, 이후 기업들이 잇달아 해외로 나가면서 지금은 현 내 취업자 수가 감소하는 추세이다.

노동인구구조를 살펴보면, 1차 산업 종사자는 1995년 2만 1562명에서 2000년 1만 7611명으로 3951명이 감소했고, 2차 산업 종사자는 1995년 6만 208명에서 2000년 5만 7399명으로 2809명이 줄어들었다.

한편 3차 산업은 1995년 8만 8138명에서 2000년 8만 8809명으로 671명이 증가했다. 이로써 노동인구는 총 16만 9908명에서 16만 3819명으로 6089명이 감소했다.

4) 고용 현황과 소득수준

1990년대에 산업공동화가 진행되어 2001년 유효구인배율은 0.56 (전국 0.59)으로 정체되었다. 취직내정률도 2002년 10월 현재 47.4%로 낮은 수준이다. 이 중 현 내 취직희망자 내정률 38.7%, 현 외 취직희망자 내정률은 65.9%인데, 현 내와 현 외의 취직희망자 내정률이 두 배 가까이 차이가 나는 것을 통해 현 내의 고용 사정이 얼마나 심각한지를 엿볼 수 있다.

소득수준은 최근 20년 동안 전국 대비 85% 전후에 머물러 있으며, 1999년 쇼나이 지역의 평균소득은 252.7만 엔(전국 시·읍·면 평균 265.2만 엔)으로 낮은 편이다(전국 33위). 쓰루오카 시 외의 읍·면은 농업 중심 경제구조이며, 특히 하구로(羽黒) 마을은 쌀과 함께 쇼나이의 특산물인 감 산지인데 쌀과 감의 가격이 떨어져 수입이 큰 폭으로 떨어졌다.

이 같은 상황을 기초로 살펴보면, 지역 활성화를 위한 핵심은 1차 산업을 활성화하고 이를 이용해 식품가공산업을 육성하는 것이었다. 또 '언제까지나 안심하고 살 수 있는 마을 만들기'를 실현하기 위한 열쇠는 지역경제와 지역생활을 일치시키고 이것을 지속하는 데 있다.

3. 생협교리쓰샤 개요

1) 교리쓰샤 구상과 조직

'교리쓰샤 구상'은 간단히 말해 '연방제에 의한 단일생협화'이며, 각 생협이 협동하여 하나의 새로운 생협을 만들고 각 생협은 연방 회원으로 참가하는 것이다. 새로운 생협은 통합된 힘을 발휘해서 개별 생협이 할 수 없었던 요구를 실현해나가고, 각 지역과 조합원의 자주성을 존중했다. 이 통합 방침은 1979년 현연총회(県連総会)에서 채택된 '현연 제1차 중기계획'에서 공식화되었다. 연방제는 갑자기 등장한 것이 아니라 20여 년에 걸친 교리쓰샤 쓰루오카생협 운동의 역사 속에서, 특히 1970년대부터 현 각지에서 펼쳐졌던 생협조직 지원 활동 과정에서, 생활과 문화가 다른 지역들이 서로 연대하기 위해서는 어떻게 해야 하는지 고민한 끝에 시작된 것이었다.

쓰루오카생협은 1979년 정관을 변경해 '생활협동조합 교리쓰샤'로 명칭을 바꾸고 지역센터였던 신조와 기타무라야마 생협을 포함시켜 연방제의 한 걸음을 내딛었다(제1차 교리쓰샤). 이후 1984년 사카다, 덴도, 야마가타의 지역생협이 참가해 제2차 교리쓰샤로 이어졌고, 뒤이어 난요생협, 사가에생협, 니시오키타마생협이 참가했다. 2005년 5월에는 요네자와생협이 합류해 2008년에는 열 개 지역생협으로 이루어진 교리쓰샤 연방으로 성장했다.

생협법을 바탕으로 하는 법인은 생협교리쓰샤뿐이었고, 나머지 열

<표 5-1> 생협교리쓰샤 2005년 사업 개요

내용	종합	내용	종합
조합원(명)	117,610	공급액(천 엔)	20,487,055
반 수(개)	10,901	경상잉여(천 엔)	77,690
출자금(천 엔)	2,967,960	조직률(%)	30.4

자료: 생협교리쓰샤 제27차 정기대의원총회 의안서(通常総代会議案書).

개 지역생협은 임의조직이었다. 생협교리쓰샤의 이사회는 규모의 크고 작음에 상관없이 열 개 지역생협에서 두세 명을 법인이사로 선출하여 구성했다. 그리고 각 지역생협에서는 지역이사회를 조직했다. 교리쓰샤 조직은 반모임(班会, 부정기) ⇔ 반장모임(班長会, 연 4회) ⇔ 생협위원회(월 1회) ⇔ 지역이사회(월 1회) ⇔ 생협교리쓰샤 이사회(연 6~7회)의 흐름으로 운영되었다.

'교리쓰샤'라는 이름은, 1879년 일본에서 처음으로 로치데일협동조합 원칙에 입각하여 선구적으로 협동조합을 만든 교리쓰쇼샤(共立商社)에서 연유했으며, 일본 생협 운동 사상 전혀 경험해본 적이 없는 새로운 통합 형식인 연방제를 시작한다는 결의를 담아 지은 이름이다.

2) 사업 개요

생협교리쓰샤의 2005년 사업 개요를 보면, 조합원 11만 7610명, 지역 내 조직률 30.4%, 사업액 204억 8706만 엔(매장 69.1%, 공동구입 26.6%, 등유 4.3%)이다(<표 5-1> 참고). 이 수치는 열 개 지역생협을 합산한 것이다. 교리쓰샤 쓰루오카생협의 2005년 사업 개요를 정리하면, 조합원 3만 4917명, 반 1553개, 출자금 9억 6616만 엔, 공급액 75억 1670만 6000엔, 조직률(쓰루오카 시) 72.1%이다.

3) 특징

오다카 겐도(大高研道)는 생협교리쓰샤의 특징을 다음과 같이 정리했다.[2] ① 교리쓰샤는 조직적으로는 하나의 경제사업체로 연대하고, 경영은 각 지역생협의 지역성을 존중하는 연방제(지역생협 간 협동)를 시도하고 있다. 당시 '연방제에 의한 단일생협화'를 고안한 고(故) 사토 히데오(佐藤日出夫) 이사장은 생협 운동이 안고 있는 보편적인 과제는 '사업'과 '운동'의 통일이라고 지적했다.[3] 그리고 이를 구체적으로 실현하기 위해서 사업은 단일 운영을 통해 규모의 장점을 추구하고, 운동은 지역에 더욱 밀착할 수 있도록 분화시키는 것이 가장 필요하다고 주장했다. 그야말로 '밖은 크고, 안은 작게'이다. ② 지역주민이 지역에 근거한 생산 및 생활문화를 토대로 생활을 영위하고, 여기에서 나오는 요구와 바람이 협동조합의 에너지로 전환되어 더 좋은 삶과 변혁으로 이어지게 하기 위해서 주민의 자발적이고 주체적인 활동(그룹활동 등)을 중시한다(〈표 5-2〉 참고). ③ 생활의 요구를 실현해나가기 위해 생협교리쓰샤에 제한하지 않고 지역의 다른 협동조합이나 지역조직과 협력하거나 연대하여 운동을 전개해왔다.

전국적으로 조합원의 요구에 대응하는 활동은 기존의 사업 범위를 벗어나지 않는 한도 내에서 진행되는 경향이 있었다. 하지만 생협교

<표 5-2> 교리쓰샤 쓰루오카생협: 운동의 조직화

· 신문요금 인상 반대운동(1959년) ⇒ 가계부 그룹
· 소아마비 문제 시(市) 교섭운동(1960년) ⇒ 육아 그룹
· 물가 인상 반대운동(1962년) ⇒ 물가연구 그룹
· 니가타(新潟) 지진 지원운동(1964년) ⇒ 쇼나이의료생협 설립준비회
· 간장회사 기코만(キッコーマン) 가격 인상 반대운동(1976년) ⇒ 상품연구 그룹
· 다이에(ダイエー) 진출 반대운동(1976년) ⇒ 쓰루오카 생산제휴센터
· 법률 · 교육 상담실 설치(1977년) ⇒ 교육활동센터
· 지역 만들기와 육아 · 문화활동 전국교류연구집회(1990년) ⇒ 쇼나이 지역 만들기와
육아 · 문화협동회 외

자료: 大高研道, 「協働による地域の自律」, 中嶋信 · 神田健策 編, 『地域農業もうひとつの未
来』(自治体研究社, 2004).

리쓰샤는 사업 형태나 영역이 아니라 '조합원의 생활의 요구'가 활동
을 규정한다고 생각했고, 그 요구에 답하기 위해 다양한 협동체제를
구성해왔다.

4. 교리쓰샤 쓰루오카생협의 운동과 교훈

1955년 12월 4일, 교리쓰샤 쓰루오카생협은 여섯 평짜리 매장을 개
점하면서 출발했다. 설립 때부터 일관되게 운동과 사업은 '생활의 요
구로부터'라는 생각을 운영의 기본으로 삼았다. 예를 들어, 1960년대
동북부 지방에는 객지벌이가 고착되어 지역 행사나 주민들이 모이는
장이 계속 사라지고, 아이들 사이에서도 서로 협동하는 모습을 거의
찾아볼 수 없게 되는 등 '살아가는 힘'이 저하되었다. 당시 전국의 생
협들이 어떻게 하면 비용을 낮춰 매장을 키울 것인지 고민하는 동안,

교리쓰샤 쓰루오카생협은 '생활센터'를 만들고 '협동의 집'이라 불리던 매장 2층에서 육아지원 활동을 적극적으로 전개했다.

고 사토 히데오 이사장은 "생협은 사업을 하는 운동체이기 때문에 운동이 뒤떨어지면 경제적으로 파산한다. 그런데 우리는 경제사업에만 눈을 뺏기기 쉽다. 그것은 대단히 위험하다. 생협이 소위 상업주의적으로만 대응하면 더 거대한 힘이 나타났을 때 완전히 패할 것이다. 그것을 돌파할 수 있는 힘이 어디에도 축적되어 있지 않기 때문이다"[4] 라는 말을 남겼는데, 육아지원 활동은 바로 아이들에게 '살아가는 힘'을 키우는 활동이고 그 과정에서 창조되는 에너지는 양적으로 계산할 수조차 없다.

이와 같이 육아지원을 비롯해 다양한 그룹 활동과 운동에서 축적된 에너지는 나중에 등유재판이나 대형 슈퍼마켓과의 싸움에서 그 힘을 발휘한다.

교리쓰샤 쓰루오카생협은 전국에서도 찾아보기 힘든 특징적인 활동들을 진행한다. 반 조직, 등유재판, 대형 슈퍼마켓과의 싸움 등이 그것인데, 이 활동들의 착안점이나 사고방식은 현재의 생협 운동이 매우 참고할 만한 것이기 때문에 간단히 소개한다.

1) 반 조직

1961년 6월, 쓰루오카생협은 정기총회(通常総代会)에서 '반'이 생협의 기초조직임을 분명히 했다.

(1) 반의 성격

① 반은 직장을 단위로 하는 '직장반'과 지역을 단위로 하는 '가정반' 두 종류로 한다(후에 농촌반이 추가된다).

② 반은 조합원이 생협 운영에 참가하는 장이다.

(2) 반의 내용

직장반

직장반은 직원조직에 소속된 조합원이 그 기관의 승인을 얻어 구성하고, 반에는 반 대표자와 취급 책임자를 둔다(직원 조직이 없어도 3명 이상의 조합원이 이사회 승인을 얻으면 반을 구성할 수 있다). 반 대표자는 반에 소속된 조합원을 대표하고, 취급 책임자는 공동구입을 책임진다.

가정반

가정반은 조합원 가족의 주부와 지역에서 단독 가입한 조합원을 구성원으로 하며, 일정 지역을 단위로 10~15명이 하나의 반을 구성한다. 반장과 부반장을 뽑으며, 반장은 반을 대표하고 공동구입과 관련한 책임을 진다. 반조직은 공급받은 상품들의 수금까지 담당하는 조직이다. 반에서는 공동구입 주문을 종합하는 일을 수행하며, 수금은 반장이 담당한다(반장에게 수금액의 1%가 환원된다).

가정반은 '지역반 만들기' 활동의 일환으로, 근로자 1200여 명의 주소록을 바탕으로 한 집, 한 집을 방문해 조직했다. 5년 후인 1961년에는 조합원의 90%가 반으로 조직되었다.

통상 '반모임'에서는, ① 생협 경영과 관련해 설명하고, ② 조합원의 비판이나 희망사항을 듣고, ③ 그달의 중요한 문제에 대해 서로 이야기를 나누고, ④ 상품 연구 등에 대해 의견을 나눈다. 교리쓰샤 쓰루오카생협은 조합원이 주인의식을 가지고 스스로를 생협을 움직이는 주체이자 원동력이라고 의식하면서 생협에 몸담고 있는 것인지를 중요하게 여기며, 반모임에서 나온 의견을 사업과 운영에 철저히 반영했다. 반 조직화 활동은 이 과정을 반복한다는 점에서 의의를 가지며, 이를 통해 신뢰관계가 견고한 조직이 탄생했다.

전국의 생협에서 전개된 공동구입반 조직은 교리쓰샤 쓰루오카생협이 했던 내용과는 약간 달라져 오히려 상품을 받는 수단으로만 받아들여졌다(후에는 조직운영의 최소 단위로 발전해갔다). 다시 말해, 교리쓰샤 쓰루오카생협의 반은 생협의 기초 조직단위이며 생활협동의 최소단위이지만, 공동구입반은 상품을 구입하는 협동의 최소단위에 불과하다. 그래서 개별공급이 증가했던 2008년에는 공동구입반이 필연적으로 줄어들었다.

2) 등유재판

교리쓰샤 쓰루오카생협의 특징 중 하나는 주민운동이다. 주민운동은 가정반에서 조합원이 활발하게 이야기를 나누는 과정에서, 또는 부엌의 문제에서 시작해 물가문제, 교육문제 등으로 사안이 확대되는 과정에서 일어났는데, 이는 조합원 자신의 성장 과정이기도 했다.

이런 주민운동 중에 하나가 등유재판이다. 등유재판은 1974년에 원고 1654명이 참가하면서 시작되었으며, 33번의 재판을 거쳤지만, 1980년에 있었던 결심공판에서 패소했다. 이듬해인 1981년 센다이(仙台)고등법원에 제소하여 1985년에 역전 승소했으며, 1989년 대법원에서 패소하는 긴 싸움이었다.

등유재판은 1973년 1차 오일쇼크가 일어났을 때, 불법으로 담합하여 생산을 조정하고 가격 협정을 맺은 정유회사를 상대로, 소비자(조합원)들이 손해배상을 요구하며 집단소송을 제기한 사건이다. 이 운동은 재판 승소로 얻어질 소액의 손해배상의 몇십 배나 되는 부담을 감당할 것을 결의하고 스스로 원고가 된 자발적인 주체들이 이끌었다. 운동 과정에서도 원고 대리인인 변호사들에게 의지하지 않고 스스로 증거를 모아 변론 구성에 참가하거나 법정에서 발언하는 등 사실상 원고들이 직접 재판을 진행했다.

이런 소송을 운동으로 끌고 가기 위해서는 이를 지원해주는 조직이 필요한데, 그 역할을 생협이 담당했다. 교리쓰샤 쓰루오카생협은 반을 통해 생협 조합원을 대상으로 등유재판 학습모임을 조직하고, 그 결과를 담은 《생협뉴스》를 신문 사이에 넣는 유인물로 만들어 시민에게 알리는 등 지원을 아끼지 않았다.

등유재판은 교리쓰샤 쓰루오카생협이 거의 유일하게 이끌었는데, 이는 운동과 사업을 하나로 연결한 활동과 가정반에서의 학습이 축적된 성과라고 할 수 있다.

3) 대형 슈퍼마켓과의 싸움

1961년 쓰루오카생협이 24평짜리 매장밖에 없었을 당시, 도쿄슈퍼 (東京スーパー)가 130평짜리 매장을 개점했다. 그야말로 어른과 아이 의 싸움이 시작된 것이다. 1965년에는 '주부의 가게', 1978년에는 '다 이에(ダイエー)'가 시장에 진출했다. 대형 슈퍼마켓은 생협을 망하게 할 작정으로 극단적으로 싼 상품을 미끼상품으로 판매했는데 생협 임 직원과 조합원은 밤낮으로 대책을 협의했다. 그때 조합원들은 '출하가 격보다 싼 가격으로 파는 형태는 영원히 지속할 수는 없을 것이다. 우 리가 미끼상품을 슈퍼에서 사 올 테니 생협에서 그것을 마진 없이 판 매해라', '생협이 망하면 육아지원 활동도 할 수 없다', '생협은 우리의 매장이다. 생협이 망해선 안 된다' 등의 의견을 적극적으로 표출했고, 임직원과 조합원이 결속해 대형 슈퍼마켓과의 싸움이 시작되었다.

이 같은 신뢰관계로 맺어진 강한 유대는 대형 슈퍼마켓에 철퇴를 가 하며 궁지에 몰린 생협을 구해냈다. 그리고 대형 슈퍼마켓과의 싸움 은 조직을 약화시키기는커녕 반대로 강화시켰다. 단적인 예를 들어보 자. 1978년 11월, 쓰루오카에 다이에가 개점했다. 다이에 개점 전인 1978년의 이용 조합원과 공급액을 100으로 두고, 다이에 개점 후 3년 동안 생협 이용 조합원 수와 공급액 평균을 보면, 이용 조합원 수 108, 공급액 117로 오히려 더 늘어났다.[5] 그야말로 생협은 조직·운동·사 업운영력을 합친 종합력으로 싸웠고, '다리와 허리가 튼튼한 생협'이 란 바로 이 종합력이 견고한 생협을 말하는 것이다.

교리쓰샤 쓰루오카생협은 그동안 '어려울 때는 조합원에게 상담한 다'는 원칙을 철저하게 지켜왔는데, 대형 슈퍼마켓과의 싸움을 계기로 '직원은 최대한의 노력을 게을리해서는 안 되며, 그러나 아무리 해도 어려울 때에는 조합원에게 솔직하게 상담하자'라는 분위기가 강해졌다. 이 교훈은 오랫동안 이어졌다. 교리쓰샤 쓰루오카생협이 보여준 대형 슈퍼마켓과의 싸움은, '시장이라는 씨름판에서 시장 논리로' 경쟁이 이루어지는 현실에서도 협동조합 원칙에 근거한 행동이 힘을 발휘할 수 있음을 보여준 귀중한 사례였다.

앞에서 살펴본 것과 같이 교리쓰샤 쓰루오카생협은 지역 협동 자치조직으로서의 내실을 갖춘 생협이라고 할 수 있다. 이런 조직이 여러 단체와 네트워킹하면서 재판운동을 시작하고, 서로를 보완해주고 역할을 분담하면서 석유대기업을 상대로 대항운동을 조직했다. 교리쓰샤 쓰루오카생협은 조합원 안에서 만들어진 네트워킹을 지원하고, 그 활력을 다시 조직으로 끌어들여 순환시킴으로써 생협과 조합원이 모두 함께 발전해나가는 모습을 보여주었다.[6]

5. 지역협동조합연합과 지역 만들기 협동 네트워크

1) 배경

지금까지 교리쓰샤 쓰루오카생협은 활동 범위를 규정하는 것은 '지역 생활의 현실과 요구'이며, 이에 대한 대응활동을 기존 조직의 사업 범위를 기준으로 제한해서는 안 된다고 생각해왔다. 다른 많은 구매 생협이 지역에 대한 관심이 상대적으로 적은 가운데, 교리쓰샤 쓰루오카생협이 '조직을 뛰어넘는 협동'을 떠올린 것은 선진적이었다. 이런 생각의 원천은 사토 히데오 전 이사장의 말 속에서도 엿볼 수 있다. "만약 '이것은 생협이 다룰 문제가 아니다'라고 했다면, '생협이 우리의 광범위한 생활을 지켜줄 것이다'라는 의식은 형성되지 않았을 것이다. 그리고 당연히 '자신들 스스로 자신의 생활을 지켜나간다'라는 관계도 성립되지 않았을 것이다."[7]

한편 전국적으로 사업연합회가 설립되었다. 동북지방에서도 1992년에 '생활협동조합연합회 코프도호쿠 선네트(SunNet)사업연합'(1995년 법인화)이 만들어졌고 생협교리쓰샤도 여기에 참여했다. 사업연합은 상품 사업 면에서는 장점이 크지만, 의사결정 기능이 한 곳으로 집중되기 때문에 단위생협의 기능이 약화되는 것을 피할 수 없다. 이런 상황에서 단위생협 기능을 재구축하고, 지역에 뿌리내린 협동조직으로 위치를 설정하는 것이 과제가 되었다.

이렇게 '지역 생활의 현실과 요구'를 실현하고 단위생협 기능을 재구축하기 위해서는 지역에서 활동하는 여러 단체와 협동하는 지역협동조합연합을 만들어 코프도호쿠 선네트사업연합과는 다른 연합 축으로 자리매김할 필요가 있었다. 즉, 지역협동조합연합은 광범위한 지역에 걸쳐 구매 기능을 집중시키는 사업연합과는 다른 새로운 기능을 창조하는 협동조합의 연합이다.

2) 형성 과정

교리쓰샤 쓰루오카생협의 사업구역에는 쇼나이의료생협이 있는데, 두 생협의 조직율이 모두 가구 수의 60%를 넘고 거의 동일한 세대가 조합원으로 가입해 있었다. 두 생협은 자매조직으로서의 연대를 기초로 지역 만들기를 구체적으로 실천했다.

이들의 연대활동 중 획기적인 사례를 하나 소개하면, 1969년에 문을 연 생활센터(당시 쓰루오카생협) 건물을 1988년 생협교리쓰샤와 쇼나이의료생협이 공동으로 3000만 엔을 출자하여 조합원 활동 시설인 '오야마(大山)협동의 집'으로 개조한 것이다. 모임 공간과 편백나무 욕실이 있는 목욕탕을 갖춘 이 시설은 조합원들과 어린이들이 '모이는 장소'이다. 넓은 모임 공간은 지역 어린이들의 합숙 등에도 활용되고 있으며, 협동이 있는 마을 만들기 운동의 거점으로 자리 잡았다. 한편 생활센터는 기존 위치와 가까운 곳으로 확장 이전하여 150평 규모의 코프오야마로 문을 열었다. 장을 보는 장소와 모이는 장소가 가깝다 보니 조합원이나 지역주민은 두 생협 모두 일상생활의 일부로 여기며 이용한다.

또한 1992년 교리쓰샤 쓰루오카생협과 쇼나이의료생협은 고령자를 위해 식사, 장 보기, 세탁 등의 가사지원과 대화 상대가 되어주는 유상자원봉사 생활서로돕기모임을 결성했다. 두 생협의 협동은 한발 더 나아가 1995년에 사회복지법인 '야마가타(山形) 니지회'(이하 니지회)를 설립하고, 이듬해인 1996년에는 두 생협의 조합원 5400명이 반

<표 5-3> 종합돌봄센터 후타바의 개요

사업소 이름	실행 주체	사업 내용
협립 케어플랜센터 후타바	쇼나이 의료생협	재가복지지원
협립 데이서비스 후타바	쇼나이 의료생협	통소 돌봄
협립 헬퍼스테이션 누쿠모리	쇼나이 의료생협	방문 돌봄
협립 쇼트스테이 후타바	쇼나이 의료생협	생활지원형 단기 입소
생협 복지용품 서비스	생협교리쓰샤	복지용품 대여 및 알선
생협생활서로돕기모임	4자협	유상자원봉사
헬퍼스테이션 에비지마	고령협	방문 돌봄
배식센터 아지사이	고령협	배식 서비스

주: 고령협의 헬퍼스테이션 에비지마는 이후 본부로 합쳐짐.
자료: 종합돌봄센터 후타바 자료.

년 동안에 1억 엔을 모아 노인보건시설 가케하시(かけはし)를 건설했다. 가케하시는 입소·통소(通所) 재활, 단기요양돌봄, 치매 전문 시설을 갖추고, 지역 병원, 진료소, 복지시설과 연계해 운영된다. 정원은 입소 재활 100명(치매 전문 시설 40명 포함), 단기요양돌봄 열 명, 통원 재활[데이케어(daycare)] 30명이다.

1997년에는 야마가타 현 고령자복지협동조합(이하 고령협)을 포함한 4자(생협교리쓰샤, 쇼나이의료생협, 니지회, 고령협)가 '4단체협의회'(이하 4자협)를 발족해 복지·의료 관련 협력 체제를 갖추었다. 이 단계에서 네 곳이 함께 생활서로돕기모임을 운영하기로 하여 2008년 현재에 이르렀다. 생활서로돕기모임은 단일생협이 운영하는 사례는 많지만 4자가 협동으로 운영하는 경우는 거의 없다. 이후 2000년에 도입된 공적 개호보건제도를 계기로, 4자협은 쇼나이의료생협의 재활병원 터에 전국 최초로 생활지원형 단기 입소가 가능한 종합돌봄센터 후타바를 설립하여(〈표 5-3〉 참고) 종합적인 개호보험서비스 사업을

시작했다. 후타바는 〈표 5-3〉과 같이 4자협의 협동사업인데, 그곳에 가면 우선은 무엇이든 대응해준다고 해서 지역에서는 가케코미데라 (駆け込み寺)라고 불린다. 또한 후타바에는 돌봄(전문 영역)과 생활서로돕기모임(자원봉사)이 같이 있는데, 전문 영역과 서로 도움을 주고받는 자원봉사의 결합은 이용자의 생활과 필요를 종합적으로 파악할 수 있는 이점이 있다(사무국).

그리고 2004년에는 4자협을 중심으로 쇼나이 마을 만들기 협동조합 니지가 설립되었다. 니지는 고령자 사회에 대응한 새로운 지역 만들기 협동의 일환이며, 돌봄사업과 급식 · 배식사업을 주로 한다.

2005년 7월에는 JA와 연계하여 '플리에(プリエール)* 쓰루오카'(장례사업)를 설립했다. 플리에 쓰루오카는 교리쓰샤의 토지[이노우(稲生) 센터 터]에 JA가 가건물을 짓고, 각각 150명, 70명, 50명을 수용할 수 있는 세 개의 조문실을 만든 것이었다. 운영 및 사업의 책임은 JA에 있으며, 생협교리쓰샤는 서비스 사업부를 통해 이 사업을 조합원들에게 알리는 역할을 맡고 있다. 생협과 JA가 연계하여 장례사업을 전개한 것은 전국적으로도 매우 드문 사례이다.

앞에서 살펴본 것과 같이 협동조합 간 협동은 생협교리쓰샤와 쇼나이의료생협의 연계, 1997년 4자협 설립, 2000년 개호보험 도입 전후를 경계로 지역협동조합연합을 만드는 것으로까지 발전했다. 앞으로는 '진실로 풍요로운 지역사회의 실현'을 목표로, 다양한 NPO법인과

* 양 무릎 또는 한쪽 무릎을 굽히는 동작을 뜻한다.

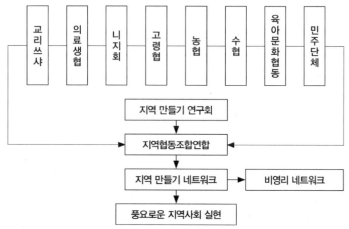

〈그림 5-1〉 지역 만들기 협동 네트워크 구상

교리쓰샤 · 의료생협 · 니지회 · 고령협 · 농협 · 수협 · 육아문화협동 · 민주단체

지역 만들기 연구회

지역협동조합연합

지역 만들기 네트워크 → 비영리 네트워크

풍요로운 지역사회 실현

자료: 지역협동조합연합 자료.

시민활동단체를 포함한 '지역 만들기 협동 네트워크'를 만드는 것이 과제인데(〈그림 5-1〉 참조) 그 첫발을 뗀 것이 쇼나이 마을 만들기 협동 조합 니지였다.

6. 니지의 형성과 활동

1) 배경과 형성

2000년 개호보험 도입을 전후하여 4자협의 연계가 활발하게 이루어졌는데, 돌봄 서비스가 제공되는 고령자 주택 등의 수요가 새롭게

<표 5-4> 쇼나이 마을 만들기 협동조합 니지의 설립 취지

· 돌봄, 복지, 손해보험, 서비스, 지산지소 등의 사업자는 이종 업종의 벽을 넘어 민주적인 공동사업을 추진함으로써, 사업자 개개인이 실현할 수 없는 요구들을 협력을 통해 공동으로 해결해나가는 것이 시급하다는 판단하고 사업협동조합인 마을 만들기 협동조합 니지를 설립했다.
· 시설과 창업은 주민의 요구를 직접 해결하고 지역 내 고용을 확대하여, 농업을 비롯하여 지역 상공업에 영향을 줄 것이라고 기대되며 지역경제 활성화에도 귀중한 공헌을 하리라고 생각한다.

자료: 庄内まちづくり協同組合'虹'の槪要說明書.

급증했기 때문에 이에 대한 빠른 대응이 요구되었다. 이는 관련 단체들도 처음 맞닥뜨린 요구인 데다 종합적인 판단과 일정 수준의 위험 감수가 필요했기 때문에 이를 다룰 수 있는 조직체제가 필요했다. 또한 지역경제가 냉각되고 있는 가운데 1차 산업 활성화와 새로운 고용의 창출이 과제로 떠올랐다. 이런 상황에서 4자협은 그 틀을 더욱 확대해 여섯 개 단체(<표 5-5> 참고)가 '중소기업 등 협동조합법'에 근거한 사업협동조합인 쇼나이 마을 만들기 협동조합 니지를 2004년 4월 15일에 설립했다(<표 5-4> 참고).

2) 조직

니지는 '언제까지나 안심하고 살 수 있는 마을 만들기'를 목표로, 상부상조 정신에 기초하여, 구성단체들이 업종의 벽을 넘어 협력하고 협동함으로써 생활의 요구들을 실현하는 활동을 통해 지역경제를 활성화시키고 사회적 지위를 향상하고자 한다.

〈표 5-5〉 쇼나이 마을 만들기 협동조합 니지 출자금

(단위: 천 엔)

	출자금	일반 부과금	교육정보 부과금
고령협	500	30	20
니지회	1,500	150	100
파루마	2,000	300	200
개발C	1,000	30	20
의료생협	2,500	500	300
쓰루오카생협	2,500	500	300
합계	10,000	1,510	940

자료: 庄内まちづくり協同組合'虹'の議案書.

참가단체는 설립 당시에는 교리쓰샤 쓰루오카생협, 쇼나이의료생협, 고령협, 니지회, 유한회사 파루마 야마가타(ファルムやまがた) 민의련(民医連)* 계열의 약국 등], 주식회사 코프개발센터(생협교리쓰샤의 자회사로 부동산, 건축, 손해보험 · 서비스 등을 다룸) 여섯 개 단체였는데, 이후 지산지소를 추진하기 위해 쇼나이산직센터가 새롭게 참여하여 2005년 현재는 일곱 개 단체로 구성되어 있다.

설립 당시 출자금은 〈표 5-5〉와 같은데, 쇼나이산직센터의 50만 엔이 더해져 2008년 현재는 1050만 엔이다. 부과금은 중소기업협동조합의 표준정관에 근거하여 각 단체가 매년 부담하며, 이익이 남으면

---

* 전일본민주의료기관연합회의 준말로 일본의료기관으로 구성된 사회운동단체이며, 전후 일본 각지에서 만들어진 민주적인 의료기관들이 1953년 연합회로 결성된 것이다. '생명은 평등하다'라는 사상에 따라 차액 입원실료 금지 등의 의료제도 개선운동을 추진하고 있으며, 2006년 현재 전국 의료기관 1700개와 직원 6만 2000명, 의료생협 등 318만 명이 운동에 참가하고 있다.

부과금은 반환된다.

　임원은 이사 여덟 명, 감사 세 명으로 총 열한 명이다. 출자금의 많고 적음에 관계없이 원칙상 하나의 단체에서 대표를 중심으로 한두 명 선출했다. 이사는 비상근직이며 이사회는 월 1회 열렸다. 주요 안건은 이사회에서 결정하며 자신의 단체로 되가져가 재협의하는 경우는 많지 않았다. 니지의 이사회에 그에 상응하는 권한을 부여해 빠른 결단을 내리는 것이 중요하다고 생각했기 때문이다.

　사업 내용을 살펴보면, 설립 2년차부터 고령협의 사업 분야였던 송영·경비, 청소 부문이 더해져, 1본부 4사업부제였다. 직원 수는 2005년 4월 49명에서 2006년 3월 말 149명으로 세 배 증가했다.

3) 사업의 개요

　첫해에는 돌봄 서비스가 제공되는 고령자 주택의 건설과 운영[니지의 집 고코로(こころ)*], 급식·배식사업[아지사이(味彩), 가케하시급식], 홈 헬퍼 양성 등의 사업을 전개했고, 2년째부터는 송영·경비, 청소사업을 시작해 1본부 4사업부제(돌봄 부문, 급식·배식 부문, 송영·경비 부문, 청소 부문)로 정리되어 사업 영역의 확대와 경영 기반의 강화를 꾀했다(〈표 5-6〉 참고). 2005년 사업 실적을 보면 재료비를 뺀 매상 총이익이 전년 대비 341.9%로 대폭 성장했는데, 인건비나 물건비가 계

* '마음'이라는 뜻이다.

〈표 5-6〉 쇼나이 마을 만들기 협동조합 니지 사업 실적(2005년)

(단위: 엔)

항목	합계	항목	합계
사업 수입	311,227,305	영업 외 수익	460,283
자료비	86,943,602	영업 외 비용	1,861,269
매상 총이익	224,283,703	경비 합계	223,277,856
인건비	152,551,591		
물건비	60,028,954	경상잉여	△ 395,139
감가상각	10,697,311		

자료: 쇼나이 마을 만들기 협동조합 니지 제2차 정기대의원총회 의안서(通常総会議案書)를
바탕으로 필자가 작성.

획보다 약간 초과해 경상이익은 39만 5139엔 적자였다. 앞으로의 과
제는 지역농산물 이용 확대와 1차 농산물 가공 등을 통해 지역경제에
공헌하는 것이다.

4) 각 사업부의 사업 내용

(1) 돌봄사업부

돌봄 서비스가 제공되는 고령자 주택 ①: 니지의 집 고코로

니지의 집 고코로(이하 고코로)는 시설 입주를 기다리는 사람들이나
의료의존도가 높은 사람들에게 도움을 주기 위해 안심하고 생활할 수
있는 돌봄 서비스가 제공되는 비영리 고령자 주택이다. 사업의 주체
는 니지와 쇼나이의료생협으로, 두 단체의 협동사업이다.

고코로는 코프개발센터가 건설하여 2004년 6월에 개원했다. 대상

자는 의료의존도가 높고 개호보험에서 요(要)지원 또는 요개호 1~5의 인정을 받은 사람이다. 건물은 협립(協立)병원(의료생협)에 인접해 있고, 1인실 30개가 몸의 상태나 개호도에 맞춰 네 가지 수준(요개호 1, 2 수준, 시중이 필요한 수준, 누워만 있는 수준)으로 나뉘어 있다. 2006년 8월에는 방 두 개를 증설했다.

케어매니저가 작성한 돌봄 계획에 따라 재택 생활이 가능하도록 거택서비스 사업소와 연계해 사회복지사와 입주 도우미가 24시간 지원했다. 자부담 이용액은 병실 이용료(수도·광열비, 식비 포함)와 개호보험서비스 요금을 합산해 월평균 약 8만 5000엔이었다. 일반 시설에 비해 저렴한 편에 속했다.

고코로에서는 지역주민들(보육원 어린이 등)의 도움을 받아 크리스마스 행사 등 계절마다 다양한 행사를 개최했다. 뇌출혈로 쓰러져 오른쪽 반신마비가 된 입주자 S 씨는 본인의 재활분투기를 다룬 책 『뇌졸중 후유증의 빛과 그림자(脳卒中後遺症の明と暗)』를 내기도 했다.

니지의 첫 사업이었던 고코로는 의료의존도가 높은 시설 대기자들의 필요를 충족시킨다는 점, 새롭게 열 명을 고용하며 일자리를 창출한 점, 급식에 지역 식재료를 구입해 사용할 수 있다는 점 등의 의의가 있다. 또한 고코로를 중심으로 방문 간호, 방문 진찰, 케어매니저, 헬퍼, 데이서비스, 복지용품 서비스, 배식 서비스 등 다양한 네트워크가 만들어졌다

돌봄 서비스가 제공되는 고령자 주택 ②: 니지의 집 오우라

2005년 4월, 돌봄 서비스가 제공되는 고령자 주택 니지의 집 오우라(おうら)가 설립되었다. 고령자 비율 약 30%인 오야마 지역에 안심하고 살 수 있는 고령자 시설이 있으면 좋겠다는 조합원들의 요구를 받아들인 것이었다. 오우라는 서부 지역의 종합돌봄센터로서 지역 밀착형·다기능·유연한 대응이 가능한 '도움 되는' 시설을 목표로 했다.

오우라는 니지가 직영했으며, 원래 병원 겸 주택이었던 것을 임대하여 개축해 데이서비스와 입소(1실 3평)가 가능한 시설로 만들었다. 정원은 데이서비스 열아홉 명, 입소 열 명(2008년 현재 12명이 입주, 부부 두 쌍 포함)이다. 이용자가 부담하는 숙박비는 월평균 5만 5000엔 정도(수도·광열비, 식비, 개호보험 서비스 요금 포함)로 저렴해 이용자들에게 좋은 평가를 받았다. 특히, 최근 부담금이 늘어나 생활이 어려워진 고령자에게 자기부담액을 국민연금 지급 범위 내로 정한 것은 그 의미가 크다.

한 번에 여러 사람을 돌봐야 하는 상황이 많아졌지만, "오늘 좀 맡아줘"라는 요청에 유연하게 대응할 수 있도록 노력하고 있다.

오우라는 고코로와 마찬가지로 열 명 남짓을 새롭게 고용했다.

헬퍼 양성 강좌

2004년에 2급 헬퍼 양성 연수를 40명이 받았는데, 이런 실적 덕분에 후생노동성 교육훈련급부제도의 지정을 받았다. 2급 헬퍼 양성 수업료는 책값을 포함해 5만 6800엔이다. 2005년에는 제1기 강습(8~11

월)에서 2급 헬퍼 33명이 수료했고, 제2기 강습(2~5월)에서는 15명이 수료했다. 수료자는 가맹단체나 지역시설에 입사하거나 서로돕기모임 등의 자원봉사단체에 등록하는 등 적극적으로 지역에 공헌한다.

(2) 급식 · 배식 사업부

아지사이(味彩)

아지사이는 원래 고령협의 급식 · 배식사업을 담당했다. 하지만 후타바 쇼트데이서비스 급식과 가정 공급 도시락, 특별 주문 도시락 외에도, 2004년 6월부터 고코로의 급식과 협립병원 직원 배식(생협 식당이 일요일에 쉬기 때문), 오야마 진료소 일요일 데이서비스 배식을 시작하면서 공급량이 늘었다. 한편 아지사이는 이용자의 편의를 위해 365일 운영된다.

아지사이는 도시락 구성이 좋을 뿐 아니라 배달 시 말을 걸어주거나 식탁을 차려주는 등의 서비스가 호평을 받아서 2005년 12월부터 각 지원센터로부터 배달 도시락 주문을 받았다.

가케하시 급식

가케하시 급식은 2004년 7월에 니지회의 위탁을 받아 시작된 사업이다. 그해 12월에 소프트식(食)을 도입했고, 도루묵 산적(ハタハタの田楽), 검은콩 초절임(黒豆なます), 동지 호박(冬至かぼちゃ) 등 옛날부터 전해 내려오는 계절음식을 준비한다. 매일 나오는 간식도 대부분

직접 만들어 평판이 매우 좋다.

(3) 송영 · 경비 사업부

송영사업은 주로 쇼나이의료생협 데이서비스 이용자들을 지원하는 것이다. 송영용 차량은 쇼나이의료생협이 보유하고, 송영사업부에서는 운전사를 파견한다. 인원은 36명(평균 연령 63세)이며, 업무 시간은 오전과 오후 각 두 시간씩, 하루 4시간이다. 정년퇴직자들을 고용함으로써 그들에게 삶의 보람을 선사해주었다.

2005년 10~11월에는 단풍놀이, 희망모임 이모니 모임(希望の会 · 芋煮会)의 행사가 열렸는데, 협립병원 데이케어, 후타바 데이서비스, 협립재활병원, 희망모임 이모니 모임이 참여했다. 참가자들은 실내에서는 맛볼 수 없는 즐거운 시간을 보냈다.

(4) 청소사업부

청소사업은 이전의 센터사업단에서 이관되었는데, 쇼나이의료생협 병원이나 생협교리쓰샤 매장, 니지회, 지역의 개업 병원에 청소 서비스를 제공한다. 청소 부문은 기술 변화가 심하기 때문에, 2005년에는 선진기술을 연수받거나 습득하는 등의 기술 개선을 적극 추진했다.

5) 앞으로의 사업 계획

앞으로의 사업으로는 다음 네 가지를 검토하고 있다.

① 식품가공(절단 채소 등), 병원 및 시설 급식, 배식 메뉴에 지역농산물 이용 확대, 기초 식재료(절단 채소)의 가공

② 급식센터 개설 구상(아웃소싱): 식비의 이용자 부담이 증가하고, 병원과 시설의 경영이 악화되는 상황에서 급식사업의 효율화는 피해갈 수 없는 과제, 급식센터는 이를 협동으로 극복하고자 하는 시도

③ 지산지소의 안테나숍, 슬로푸드 먹거리 문화 제안

④ 중학교구(中學校區) 수준의 범위에 소규모 다기능 시설 마련, 한곳에 고령자 시설, 육아지원 시설, 교리쓰샤의 상품 나눔 스테이션을 설치

7. 니지의 의의와 과제

1) 의의

(1) 지역협동조합연합에 대한 확신과 지역 만들기 협동 네트워크의 가능성

교리쓰샤 쓰루오카생협을 중심으로 몇 개의 협동조합(단체)으로 구성된 지역협동조합연합은 선네트사업연합의 또 다른 극으로 만들어져 조합원과 지역의 다양한 요구에 대응하여 새로운 기능을 생성했다. 지역협동조합연합을 매개로 만들어진 니지는 설립한 지 불과 이제 2년(집필 당시 기준)밖에 안 되었지만, 비용이 적게 들고 돌봄 서비

스가 제공되는 고령자 주택을 짓고 급식·배식 서비스 등을 제공하는 복지를 실현했다. 개별 조직으로는 실현할 수 없었던 사업을 각 협동조합과 협동조직의 협동을 통해 빠르게 실현시킬 수 있었던 이 경험은 조직이나 구성원들의 확신으로 이어졌다. 또한 이러한 확신은 지역의 NPO법인과 다양한 시민단체와의 연계로 발전했고, 지역 만들기 협동 네트워크의 실현 가능성을 높여주었다.

각 협동조합과 협동조직을 토대로 확대되어온 새로운 협동 운동의 성과는 다시 각 조직으로 되돌아와 참여 조직들을 더욱 활성화시킬 수 있었다. 그리고 2년간의 활동과 성과는 연합을 구성한 조직들 간의 일체감을 더욱 높여 인식의 공유를 꾀할 수 있었다.

이러한 과정의 반복과 지속은 '언제까지나 안심하고 살 수 있는 마을 만들기'를 조금씩 실현 가능한 것으로 만들었다. 그야말로 '로맨스와 주판'*에 의한 지역 만들기 협동 네트워크가 형성되었던 것이다.

(2) 지역경제 활성화와 고용 창출

급식과 배식 서비스에 필요한 식재료에 지역농산물을 더 많이 활용하기 위해 쇼나이산직센터가 니지에 들어왔다.

돌봄 서비스가 제공되는 고령자 주택의 건설로 20명 이상의 고용을 창출했고, 송영사업 부문에서는 정년퇴직한 중장년층을 채용하여 새

---

* 로맨스는 '이상', 주판은 '현실'을 상징한다. 즉, 현실과 이상의 조화를 통해 지역 만들기 협동 네트워크가 만들어진 상황을 빗댄 표현이라고 할 수 있다.

로운 삶의 보람을 느끼게 해주었다. 이와 같이 지역경제 활성화를 위한 지산지소와 고용 창출은 전국적으로 정리해고가 진행되었던 사회 상황을 미루어볼 때 큰 의의가 있다.

생활과 지역의 요구를 바탕으로 한 새로운 사업의 전개는 젊은 층의 고용 창출과 경험이 풍부한 중장년층의 사회적 재진출을 촉진했고, 자신이 사는 지역에서 꿈과 전망을 품고 참여하도록 유도했다.

(3) 지역 만들기와 생활 만들기의 선봉장

생협은 본래 '공조(共助) · 공익(共益)'의 조직인데 복지 등 활동 영역이 확대되고 다수자 조직으로 발전했고, 지역사회는 생협이 '공조(公助) · 공익(公益)'의 조직으로 성장하길 기대했다.

나카가와 유이치로는 협동조합이 '커뮤니티의 질'과 '생활의 질'을 향상시키는 데 더 노력해야 한다고 말한다. 니지를 중심으로 한 새로운 협동 운동은 지역 만들기('커뮤니티의 질' 향상)와 생활 만들기('생활의 질' 향상)를 향한 도전이라고 할 수 있다. 또한 니지는 조직이 작아 유연성과 기동성이 강하기 때문에 참여 조직이나 지역의 과제에 신속히 대응할 수 있어 지역 만들기와 생활 만들기의 선봉장이었다.

그리고 이즈음 소규모 · 다기능 시설을 중학교구 단위로 만들어가려는 시도가 시작되었다. 지역의 빈 시설이나 건물을 활용하여, 상품 분류(장보기 협동)나 고령자 돌봄, 육아지원(복지 서비스 협동)이 같은 장소에서 이루어지는 시설을 만드는 것이다. 이는 곧 얼굴과 얼굴이 보이는 장보기 협동(구매협동)과 복지 서비스 협동(복지협동)을 함께 전개해나가는 것이라고 볼 수 있다.

2) 과제

(1) 이념의 공유와 인재 육성

첫해에는 조직 설립과 각 사업의 개시가 단기간에 진행되었기 때문에 사업을 궤도에 올리는 데 중점을 두었다. 하지만 2년째부터는 조직 문화가 다른 새로운 조직들과 사람들이 더해졌기 때문에 이념의 공유와 단결이 과제가 되었다. 또한 직원들은 프로로서 전문성을 갖추고 지역 만들기를 담당해나갈 인재를 육성해야 하는 과제를 안았다.

(2) 조직 주체의 형성

당시 니지에 참가했던 조직들은 법인 형태였는데, 앞으로 조합원이나 지역주민의 직접 참여를 어떻게 만들어갈 것인지가 과제가 될 것이다.

(3) 행정기관과의 파트너십 형성

원래 교리쓰샤 쓰루오카생협은 행정기관과의 연계가 적었던 것으로 보이며, 니지와 행정기관의 연대도 많지 않았다. 앞으로 지역에서 각자의 역할을 명확히 하고, 파트너십(협동)을 만드는 것이 중요한 과제이다.

8. 나가며

1) 니지의 성격과 협동사업의 성과

니지는 교리쓰샤 쓰루오카생협을 축으로 만들어진 지역협동조합 연합을 매개로 하여 설립되었다. 사업 영역은 돌봄 서비스가 제공되는 고령자 주택이나 급식·배식 서비스 제공 등 생활·복지 영역을 중심으로 하여 공익성이 높아 '새로운 협동조합'이라 할 수 있다.

니지가 일군 협동사업의 성과는 연합의 회원 조직에도 새로운 열매이며, 이는 각 조직의 활성화로 이어진다. '큰 협동조합'(교리쓰샤 쓰루오카생협)을 토대로 새로운 '작은 협동조합'(쇼나이 마을 만들기 협동조합 니지)이 만들어지고, '작은 협동조합'이 만들어낸 성과는 다시 '큰 협동조합'으로 돌아가 이를 활성화시키는 것이다.

니지는 설립 2년 만에 돌봄 서비스가 제공되는 고령자 주택이 두 개가 설립했으며, 스무 명 이상의 고용을 새롭게 창출했다.

2) 교리쓰샤 쓰루오카생협과 니지의 관련

교리쓰샤 쓰루오카생협과 쇼나이의료생협 등 일곱 개 단체로 구성된 니지는 생활·복지 영역에 대한 대응, 지역경제 활성화, 고용 창출 등을 목표로 지역의 협동조합들이 연대해서 만든 사업협동조합이다. 니지는 모체인 협동조합이나 관련 단체의 인적 자원과 경영자원의 지원을 모아, 당면한 생활 문제 및 지역 과제에 신속하게 대응할 수 있는 기동성 있는 조직 운영을 목표로 한다.

이렇게 교리쓰샤 쓰루오카생협과 지역협동조합연합을 매개로 설립된 니지의 관련은 여러 협동조합과 협동조직으로 구성된 연합의 기능을 새롭게 창조하고, 조합원이나 지역에서 나온 목소리와 요구를 실현하기 위해 새로운 협동조합을 만드는 모습을 보여주었다.

제6장

/

21세기형 생협의 전망

1. 새로운 협동조합의 형성과 특징

1) 해외의 새로운 협동조합의 형성과 특징

선진 자본주의 국가에서는 경제의 글로벌화에 따른 경기 침체로 복지 · 교육 등 공공 부문에서 정부의 역할이 후퇴하면서 '새로운 삶의 어려움'이 나타났다. 이에 지역주민들은 자신들의 손으로 협동조직 형태의 커뮤니티를 되살리고 '새로운 삶의 어려움'을 극복하려는 운동을 전개했다. 선진적인 사례로는 이탈리아의 사회적 협동조합과 영국의 커뮤니티협동조합이 있다. 구체적인 내용은 이 책의 제1장에서 자세히 다룬 바 있다. 이 장에서는 이탈리아의 사회적 협동조합의 형성, 경과, 특징에 대해 간단하게 소개하고자 한다.

다나카 나쓰코는 이탈리아 사회적 협동조합의 형성 배경과 과정을 다음과 같이 정리한다.[1] 첫째, 이탈리아의 사회적 협동조합은 신체장애인과 정신장애인은 물론, 어린이와 사회적 약자들이 겪는 여러 가지 어려움을 당사자가 참여하는 협동의 힘으로 해결하고자 하는 운동이다. 둘째, 지자체의 재정난으로 인해 발생한 노동 유연화의 흐름 속에서, 문화 · 교육 · 복지 서비스가 쇠퇴하는 것을 막기 위해 청년 실업자 운동이나 공무원 노동운동을 매개로 서서히 사업체로서 결실을 맺었다.

이와 같은 모습은 생활지원, 지역복지, 교육, 새로운 노동방식, 고용 창출 등 보편적 가치를 담보하는 '커뮤니티의 질'과 지역주민의 '생활의 질'을 높이려고 하는 새로운 협동조합 운동이 성장했음을 보여준다. 그리고 새로운 삶의 어려움에 대한 대응이라는 시대적 요청에 따라 만들어진 새로운 협동조합(〈표 1-5〉 참조)은 지금까지의 전통적 협동조합에 적지 않은 영향을 주면서 협동조합 운동이 지속적으로 발전할 수 있는 원동력이 되고 있다.

2) 새로운 협동조합의 형성과 그 특징

이 책에서는 새로운 협동조합 운동의 형성에 대해 협동조직 이키이키이와미의 사례를 통해 살펴보았다(제2장). 또 생협시마네에서 만들어진 오타가이사마이즘, 생활클럽생협 도쿄에서 만들어져 협동관계를 형성한 워커즈컬렉티브 와다치, 지역협동조합연합을 매개로 탄생한 쇼나이 마을 만들기 협동조합 니지 등 세 협동조직과의 관련을 통해 이 책의 과제인 '구매생협과 새로운 협동조합과의 관련구조'를 설명했다. 세 협동조직은 모두 '새로운 협동조합 운동'의 성격을 가지고 있었다.

이 협동조직들의 특징을 다시 정리하면 다음과 같다.

(1) 이키이키이와미

이키이키이와미는 인구 감소와 고령화가 심각해진 농촌지역에서 장래에 대한 불안을 안고 있던 중장년 여성들이 고령자 지킴이 활동과 생활지원을 목적으로 만든 협동조직이다. 이키이키이와미는 회원 자격을 지역에 사는 주민이자 다스케아이 활동가 양성 강좌(3급 헬퍼)의 수료생으로 한정하고, 지역 내 고령자 지킴이활동과 생활지원(보편성, 공익성)활동을 펼쳤다. 지자체는 이키이키이와미의 보편성과 높은 공익성을 인정하여 다스케아이 활동가 양성 강좌의 수강료 일부를 부담했고, JA와 사협도 재정적으로 후원했다.

활동과 운영은 모두 회원이 맡으며(자립성), 자신이 사는 곳과 가까운 곳에서 차 모임(동네 단위), 호노보노마루코회(자치회 단위), 쇼치노 사토 미니복지센터(지구 단위) 등의 모임을 갖는 것이 특징이다. 또한 회원들은 지자체나 다른 자원봉사단체와도 연계하여(여러 사회단체와 네트워크), '여럿이 힘을 모아' 안심하고 살 수 있는 지역 만들기를 추구했다.

이키이키이와미는 높은 공익성과 보편성, 여러 단체와의 횡적인 연계 등의 특징으로 볼 때, 새로운 협동조합의 성격을 내포한 임의의 헬퍼 집단으로 정리할 수 있다. 또한 이키이키이와미는 '할 수 있는 사람이, 할 수 있는 것을, 할 수 있을 때에 한다'를 신조로 하며, 누구나 즐겁게 참가할 수 있도록 문턱을 낮추는 것을 중시한다. 사업 추진이나 NPO 법인화 등은 2008년 현 단계에서는 생각하지 않고 있다.

(2) 오타가이사마이즈모

오타가이사마이즈모는 생협시마네 내부에서 만들어진, 일상생활의 소소한 어려움에 대응하는 상부상조 조직이다. 독립채산을 목표로 한다는 점에서 자립성은 높다고 할 수 있지만 생협시마네에서 독립하여 새롭게 법인화하지는 않았다. 어디까지나 생협시마네와 관련을 맺으면서 조합원들끼리 서로 돕는 임의의 지원자 집단이라고 할 수 있다. 또한 보편적 성격과 높은 공익성, 소규모 운영 등 새로운 협동조합으로서의 면모를 보여주었다.

생협시마네에는 오타가이사마이즈모를 포함해 세 개의 오타가이사마가 발족해 지역에서 각자 나름대로 활동했다.

(3) 워커즈컬렉티브 와다치

와다치는 생활클럽에서 만들어진 조직인데, 노동 현장에서 관계가 단절되고 고립화되는 현실 속에서 '새로운 삶의 방식·노동방식'으로 등장했으며, 노동의 방식을 다시 되돌아보고자 하는 운동이다. 와다치는 생활클럽의 개별공급을 위탁받아 처리하며, 위탁받는 공급량은 매년 늘어났다.

초기의 와다치는 임의조직이었다. 이후 규모가 커져 사회보험 등 노동환경을 정비하고 사회적 인지도를 높여야 한다는 요구에 따라 법인화했다. 관련 근거법이 없어 '중소기업 등 협동조합법'에 의거해 기업조합을 취득했다. 노동자 한 사람 한 사람이 직접 출자하고 노동하며 운영(경영)한다는 '출자·노동·운영(경영)'의 3원칙으로 운영되며, 고용·피고용의 관계가 아닌 경영과 노동의 일체화를 실현하는 협동조합적 사업체이다.

따라서 와다치는 노동자의 협동조합화라는 특징을 지니며, 새로운 협동조합이라고 할 수 있다.

(4) 쇼나이 마을 만들기 협동조합 니지

니지는 지역협동조합연합을 매개로, 교리쓰샤 쓰루오카생협과 쇼나이의료생협 등 여섯 개 조직이 공동출자(2008년에 7개 조직이 출자)하여, '언제까지나 안심하고 살 수 있는 마을 만들기' 실현을 목표로 새로운 협동사업으로 발족했다.

지역협동조합연합은 코프도호쿠 선네트사업연합의 또 하나의 축으로서 자리매김했으며, 넓은 범위에서 구매기능을 집중시키는 사업연합과는 달리 새로운 기능을 창조하는 협동조합연합이다.

니지는 관련 법이 정비되어 있지 않아 '중소기업 등 협동조합법'에 의거한 사업협동조합으로 법인격을 취득했지만, 조직의 내용 면에서는 노동자의 협동조합화를 바탕으로 하는 새로운 협동조합이라고 할 수 있다.

3) 새로운 협동조합의 비교

(1) 공통점: 노동자의 협동조합

앞서 언급한 네 개의 협동조직은 무상과 유상의 차이는 있어도 모두 일터를 만들었다는 점에서 모두 노동자의 협동조합으로서의 성격을 띤다. 즉, 이키이키이와미는 '헬퍼 집단', 오타가이사마이즈모는 '지원자 집단', 와다치와 니지는 법 정비는 되어 있지 않지만 사업을 전개하고 고용을 창출한다는 점에서 노동자의 협동조합이라 할 수 있다.

이 조직들은 지금까지의 구매생협의 구매협동과는 달리 일하는 사람의 협동을 내면화한 노동자의 협동조합이라 할 수 있다.

(2) 차이점: 임의조직과 법인조직

이키이키이와미와 오타가이사마이즈모는 법인화를 통해 적극적으로 사업을 펼치려고 하기보다 지역과 생협 안에서 서로 도와주며 생활하고자 하는 자원봉사 성격이 강한 임의조직이다.

한편 와다치와 니지는 사업을 적극적으로 전개하기 위해 법인으로 등록했고, 이를 통해 노동환경을 정비하고 사회적 인지도를 높여 안정적인 고용을 확보할 수 있었다.

이키이키이와미와 오타가이사마이즈모는 자원봉사적인 임의조직이지만, 와다치와 니지는 사업체로서의 법인조직이다.

(3) 공통점과 차이점: 복지협동과 지역 만들기

이키이키이와미, 오타가이사마이즈모, 니지는 지금까지의 구매생협과 달리 생활·복지 영역이나 지역 만들기에 관한 새로운 복지협동 전개했다.

한편 와다치는 구매기능의 노동자협동조합화로 다른 세 개 조직과는 그 성격이 조금 다르다. 그러나 워커즈컬렉티브의 활동 생활·복지 영역에서 이루어졌으며, 그 안에서 다양한 복지협동을 추진했다.

2. 구매생협과 새로운 협동조합 간 관련구조의 유형화

1) 관련구조의 정리

(1) 관련구조 대상

이 장의 과제는 구매생협과 새로운 협동조합의 관련구조를 명확히 하여 전환기를 맞은 구매생협의 새로운 방향성을 고찰하는 것이다.

앞서 구매생협과 새로운 협동조합의 관련구조를 세 가지 사례, 즉 생협시마네와 오타가이사마이즈모, 생활클럽생협 도쿄와 워커즈컬렉티브 와다치, 교리쓰샤 쓰루오카생협과 쇼나이 마을 만들기 협동조합 니지를 통해 실증적으로 분석했다.

첫째, 생협시마네와 오타가이사마이즈모는 모체인 구매생협이 새로운 협동조합을 내포하는 관련으로, 전국에서 가장 많이 찾아볼 수 있는 형태이다. 둘째, 생활클럽과 와다치는 구매생협과 구매생협에서 독립한 조직이 협동하는 관련이다. 구매생협에서 만들어진 워커즈, NPO법인, 사회복지법인 등 다양한 협동조합이 구매생협의 주변부에서 다양하게 활동하며 구매생협과 서로 관련을 맺고 있는데, 이 책에서는 공동구입 사업의 개별공급을 위탁받는 워커즈를 검증했다. 당시 일본 전역에서 개별공급의 아웃소싱이 이루어졌는데, 생활클럽이 개별공급을 워커즈에 위탁하는 형태는 다른 곳에서는 찾아볼 수 없는 형태이기 때문이다. 셋째, 교리쓰샤 쓰루오카생협과 니지는 구매생협과 구매생협에서 만들어진 복수의 협동조합들로 구성된 지역협동조합연합을 매개로 탄생한 새로운 협동조합 간의 관련을 보여준다.

(2) 생협시마네와 오타가이사마이즈모의 관련구조

생협시마네와 오타가이사마이즈모의 관련구조는 생협시마네가 오타가이사마이즈모를 포함하는 형태이며, 구매생협과 새로운 협동조합이 관계의 전형이라고 할 수 있다.

생협시마네는 1990년대 후반부터 조직운영의 방향을 크게 전환했다. 하향식 조직 운영을 반성하고, 조합원의 의견에 기반을 둔 상향식 조직 운영으로 전환한 것이다. 조합원 한 사람 한 사람을 소중히 생각하는 활동을 추진하는 등 조합원의 주체성과 자립성을 중시했다.

오타가이사마이즈모는 조합원의 어려움에 대한 지원을 목적으로 하며, 공동구입 사업소(지소) 범위 안에 만들어졌다. 2008년에는 세 개의 오타가이사마(이즈모, 마쓰에, 운난)가 생협시마네 안에서 활동했

<표 6-1> 전국 생활서로돕기모임 활동 추이

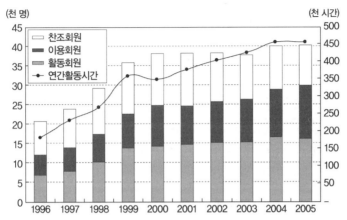

자료: 日生協, 「コープくらしの助け合いの会活動全国ネットワーク情報」, No.31.

다. 오타가이사마의 가장 큰 특징은 소규모로 운영된다는 것과 운영의 모든 것을 조합원에게 맡기는 등 주체성과 자립성이 상당히 높다는 것이다. 높은 주체성과 자립성은 문제에 대응하는 자세를 '요구형'에서 스스로의 힘으로 문제를 해결하는 '문제해결형'으로 전환시키고, 이에 관계된 사람들을 성장시킨다. '문제해결형'으로의 전환은 이용자 만족을 제일로 생각하게 만들기 때문에 한 사람 한 사람을 성실하게 대하고 공감하는 일을 반복하도록 한다. 이러한 반복이 실은 '사실을 간파하는* 능력'과 커뮤니케이션 능력을 길러준다. 한편 소규모

• 여기에서 '간파하다'로 번역한 일본어 '看る(보다)'는 '아이를 돌보다, 어른을 보다' 등의 뜻도 있다.

운영은 이용자와 등록 지원자, 코디네이터 사이를 가깝게 만들어 이용자가 안고 있는 고민에 세심하게 대응할 수 있게 한다.

오타가이사마이즈모의 지원 시간은 '생활서로돕기모임'[2]이 전국적으로 정체된 상황에서도 매년 증가했으며, 2005년에는 5630.5시간(2004년 3906.5시간, 전년 대비 144.1%)으로 급증했다. 오타가이사마의 활동은 조합원들 사이에서도 크게 알려져 대의원 총회에서도 공감하는 목소리가 많았다. 이사회는 오타가이사마 운영위원회 보고를 토대로 활동 내용을 공유했다.

2005년부터 시작된 '생활 만들기 회의'는 상근 임원 세 명, 조합원 이사 다섯 명, 고문 한 명 등 총 아홉 명으로 구성되었으며, 조합원 이사 다섯 명은 모두 세 곳의 오타가이사마와 관계가 있었다.

생협시마네의 2006년도 기본방침이 '오타가이사마 문화(생활에 기초하여 모두 같이 생각하고 모두 같이 결정한다)를 생협시마네로 확장한다'라고 규정하고 있는 것처럼, 이 두 조직은 떼려야 뗄 수 없는 관계로 발전했다.

오타가이사마는 주인인 조합원의 생활이나 지역 만들기에서 나타나는 '새로운 삶의 어려움'을 다루며 조합원 스스로 운영해나갔다. 조합원들이 오타가이사마, 생협시마네 양쪽과 관계를 맺고 이용하는 경우가 많아 두 조직 간의 영향력은 상당히 높아졌다.

생협시마네는 세 개의 오타가이사마의 자립(자율)성을 존중했으며, 사무실과 자금을 후원했다. 당시 오타가이사마는 독립채산을 목표로 했다. 오타가이사마는 생활과 복지 영역의 모든 어려움에 대응하고

〈표 6-1〉 오타가이사마와 생활서로돕기모임 비교

구분	오타가이사마	생활서로돕기모임
입회금, 회비	· 없음	· 있음(거의 모든 조직)
활동(지원) 내용	· 기본적으로 모두 대응(보편성)	· 활동 범위에 제한을 두는 곳이 많음(한정성)
규모	· 소규모(지소 단위)	· 대규모(단위생협 단위)
사업 성격	· 생협 본부에서 지원을 받지만, 독립채산을 목표로 함(독립채산성)	· 조합원 활동의 일환(비사업적)
운영	· 모든 운영은 조합원이 수행(자립성)	· 코디네이터나 사무국 등 직원의 관여가 많음(의존성)
구매생협과의 관련	· 현장에서 직원과 조합원 활동과의 연계나 협동의 장이 많음 · 내부에서 높은 평가를 받았으며 이사회에서도 활발하게 다루어짐	· 직원조직이나 조합원 활동과의 연계는 오타가이사마보다 적음
지역 만들기	· 사회복지법인 하트피아이즈모에 대한 전면적인 지원 · 지자체와의 연계 진행	· 지역사회로의 확대가 적음
특징	· '새로운 협동조합'적 성격	· 조합원 간의 서로 돕기

자료: 전국의 활동을 참고로 필자가 작성.

(보편성), 지역 커뮤니티와의 연계를 추진하며(공익성), 운영과 사업 면에서도 자립성이 높다는 점에서 '새로운 협동조합'에 가깝다.

이와 같이 생협시마네와 오타가이사마는 모체인 구매생협의 내부에 '새로운 협동조합'을 내포하는 관련구조를 형성한다. 생협시마네에서 성장해온 '장보기 협동' 안에서 새로운 협동조합인 오타가이사마(복지 서비스 협동)가 만들어지고, 오타가이사마에서 양성된 새로운 협동 에너지는 모체인 생협시마네로 다시 흘러가 '오타가이사마 문화'가

생협시마네 전체에 퍼져나가는 구조이다.

그밖에 전국적으로 활동을 펼쳤던 생활서로돕기모임과의 관련을 살펴볼 수 있다. 생활서로돕기모임은 조합원 활동의 일환이라는 성격이 강해(〈표 6-1〉 참조) 각각 자립해 서로 영향을 주는 관계가 되기는 어렵기 때문에, 구매생협과 관련을 형성하더라도 '오타가이사마'보다 잘 작동하기는 힘들다.

생활서로돕기모임과 구매생협의 관계를 강화하기 위해 구매생협 내에서 생활서로돕기모임의 위치를 새롭게 검토하는 곳도 생겼다. 연회비제 폐지, 소규모 운영으로의 전환, 독립채산의 추구 등 오타가이사마의 운영 방식과 비슷한 방향을 채택한 곳에서는 일정 정도의 성과를 얻기도 했다.

(3) 생활클럽생협 도쿄와 워커즈컬렉티브 와다치의 관련구조

생활클럽은 1980년대부터 1990년대에 워커즈컬렉티브 운동을 적극적으로 전개했는데, 이 운동의 연속선상에서 와다치가 탄생했다. 와다치는 2008년 현재 열한 개가 있으며, 각 조직은 독립되어 있고 대부분은 '중소기업 등 협동조합법'에 근거한 기업조합이다.

와다치는 생활클럽에서 독립하여 생활클럽에서 개별공급을 위탁받았다. 두 조직은 독립적인 조직 간의 대등하고 평등한 협동관계를 맺었다. 와다치가 생활클럽 전체 사업액의 50% 이상을 위탁받았기 때문에 두 조직은 운명공동체적 협동관계를 형성했다. 와다치는 '출자·노동·운영(경영)'의 3원칙에 근간을 두었으며, 노동자협동조합이 법제화되지는 못했지만 그 성격상 새로운 협동조합이라고 할 수 있다.

와다치는 생활클럽과 운명공동체적 협동관계로까지 발전했는데, 이 협동관계는 현장에서의 연계, '새로운 삶의 방식·노동방식'과 협동노동, 상호 학습 등으로 나타났다.

당시 구매생협은 개별공급의 일부를 민간에 아웃소싱하는 경향이 있었는데, 커뮤니케이션 노동으로서 중요한 현장노동을 아웃소싱하는 것은 조합원과 생협과의 거리를 멀어지게 하여 생협에 대한 조합원의 충성도를 낮출 가능성이 있었다. 하지만 아웃소싱의 대상으로 구매생협과 가까운 곳에서 일하면서 협동노동을 통해 배울 점이 많은 워커즈를 선택했다는 점에서 생활클럽과 와다치의 관계는 주목할 만하다. 같은 직장에서 서로 다른 조직의 노동자들이 함께 일하면 적당한 긴장감이 생길뿐 아니라 서로의 문제점을 지적해주는 등 좋은 효과로 이어진다.

워커즈는 노동자의 협동조합인 데다 생협과 방향성이 비슷하여 파트너로서 최적이다. 그러나 워커즈라고 해도 조합원의 입장에서는 현장노동의 아웃소싱이기 때문에 양적 균형이 중요하다. 적정한 양적 균형 아래, 구매생협은 사업운영 면에서 워커즈에 영향을 주고 워커즈는 노동 방식 면에서 구매생협에 영향을 준다면 현장에서의 연계는 전문노동 방식으로 개선될 가능성이 크다.

생활클럽은 와다치와의 연계에 대해 "개별공급 비중이 높아졌기 때문에 생활클럽은 워커즈 와다치를 협동 사업자로 보고 있다. 워커즈 와다치와 생활클럽이 지금까지의 실천을 통해 축적한 협동(파트너십)은 생활클럽 운동에서 큰 가치를 창출하고 있으며, 이는 앞으로의 협동조합 운동의 방향성을 제시하는 것이라고 생각한다"[3]라고 정리한 바 있다. 양자의 협동은 더욱 발전해 2007년 8월부터 두 조직의 경영진이 참여하는 '와다치 생활클럽경영협의회'가 시작되었다.

생활클럽생협 도쿄와 워커즈컬렉티브 와다치의 관련구조는 구매사업 아웃소싱의 협동조합화, 평등한 협동관계의 형성을 보여주며, 앞으로 구매생협이 나아가야 할 방향을 제시한다.

제4장에서는 구매생협과 새로운 협동조합의 노동현장에서의 협동관련구조로서 워커즈컬렉티브를 살펴보았다. 생활클럽 주변에는 생활클럽을 모체로 하는 80개가 넘는 워커즈와 NPO법인 등의 협동조직이 다양한 형태로 네트워크를 이루며 구매생협과 연계한다(〈표 4-2〉참조). 그리고 이 같은 횡적인 연계구조는 지역 내에서 새로운 협동을 무수히 만들어내어 지역 만들기에 기여했다.

(4) 교리쓰샤 쓰루오카생협과 쇼나이 마을 만들기 협동조합 니지의 관련구조

전국적으로 진행되었던 사업연합화는 상품 사업에서는 많은 강점이 있는 반면에 의사결정 기능이 한 곳에 집중되기 때문에 단위생협의 기능이 저하될 우려가 있었다. 단위생협 기능 재구축과 지역에 뿌리를 둔 협동조직을 형성하고자 교리쓰샤 · 쓰루오카생협을 중심으로 여러 협동조합과 협동조직이 협동한 '지역협동조합연합'이 만들어졌다. 코프도호쿠 선네트사업연합의 또 다른 중심이 나타난 것이다. '지역협동조합연합' 광역적으로 구매기능을 집중시키는 '사업연합'과는 달리 새로운 기능을 창조해냈다.

지역협동조합연합은 다방면에서 새로운 기능을 만들었다. 획기적인 활동 중에 하나가 1969년에 문을 연 생활센터(당시 쓰루오카생협) 건물을 1988년 생협교리쓰샤와 쇼나이의료생협이 공동출자하여 조합원 활동 시설 '오야마 협동의 집'으로 개축한 것이다. 또한 1992년에는 교리쓰샤 쓰루오카생협과 쇼나이의료생협이 생활서로돕기모임을 결성했다. 이후 사회복지법인 야마가타 니지회와 고령협이 여기에 합류해 4자가 협동하여 운영했다. 1995년에는 생협교리쓰샤와 쇼나이의료생협이 협력하여 니지회를 설립했고, 이듬해인 1996년에는 노인 보건 시설인 가케하시를 만들었다. 1997년에는 생협교리쓰샤, 의료생협, 니지회, 고령협이 4단체협의회(4자협)를 발족시켜 복지·의료 활동을 위한 체제를 만들었다. 2000년에는 공적 개호보험제도의 도입을 계기로 전국에서 처음으로 생활지원형 단기입소가 가능한 종합돌봄센터인 후타바를 4자협의 협동사업으로 시작했다.

그리고 2004년에는 '새로운 삶의 어려움'에 대응하고, 지역경제를 활성화하며 일자리를 창출하기 위해 지역협동조합연합을 매개로 하여 쇼나이 마을 만들기 협동조합 니지를 만들었다. 니지는 '중소기업 등 협동조합법'에 의거한 사업협동조합이지만, 활동 영역이나 사업 내용 면에서 볼 때 새로운 협동조합이라 할 수 있다.

니지는 연합을 구성한 각 협동조합이나 협동조직에서 인력 및 재정

자원을 최대한 결집하여 당면한 생활과 지역의 과제에 신속히 대응할 수 있는 기동력 있는 조직 운영을 목표로 했다. 니지는 설립한 지 2년 만에 돌봄 서비스가 제공되는 고령자 주택 두 개를 건설하면서 20명 이상의 고용을 창출했다. 이렇게 신속하게 성과를 얻을 수 있었던 이유는 니지의 임원을 각 구성단체의 경영진을 중심으로 꾸려 빠른 결단과 대응이 가능했던 데 있다.

교리쓰샤 쓰루오카생협은 연합의 모체이며 중심축이 되는 조직이다. 관련구조를 분명하게 드러내기 위해 먼저 교리쓰샤 쓰루오카생협 활동의 특징을 살펴보고자 한다. 교리쓰샤 쓰루오카생협의 특징 중 하나는 주민운동인데 그중 1974년에 시작된 등유재판을 눈여겨봐야 한다. 조합원들은 1600여 명의 원고단을 주체적·자발적으로 결성했고, 운동 과정에서도 변호사들에게 의지하지 않고 직접 증거를 모아 변론을 준비하고 법정에서 발언하는 등 그야말로 스스로 재판을 진행했다. 교리쓰샤 쓰루오카생협은 학습회를 개최하거나 신문에 유인물을 넣어 배포하는 등 시민들에게 이 활동을 알리는 것으로 지원했다.

오쿠보 카즈시(大窪一志)는 이런 활동에 대해 "교리쓰샤 쓰루오카생협은 조합원들 사이에서 자발적으로 생겨난 네트워킹을 지원하고 그 활력을 다시 자신들 안으로 끌어들임으로써 양자가 함께 발전했다"[4]고 말했다. 이 점만 놓고 보면 교리쓰샤 쓰루오카생협이 형성한 관련구조는 생협시마네와 오타가이사마의 관련구조와 상당히 비슷하다.

지역협동조합연합은 조합원 네트워크가 잘된 협동조합을 중심으로 구성되었고, 이 연합을 매개로 니지가 만들어졌다. 니지는 조합원의 요구에 빠르게 대응하며 고용 창출에도 기여했다. 앞으로는 중학교구 단위로 협동조합다운 소규모·다기능 시설을 만들어 육아지원, 고령자 복지, 생협 상품 나눔 스테이션의 협력을 검토하고 있다. 또 니지에서는 각 구성단체의 정년퇴직자들을 활용하는 사업도 구상하고 있다.

교리쓰샤 쓰루오카생협과 지역협동조합연합을 매개로 만들어진 쇼나이 마을 만들기 협동조합 니지의 관련구조에서는 지역협동조합연합이라는 매개가 있지만 니지와의 직접적인 관련이 더 중요하다. 즉, 구매생협을 축으로 복수의 협동조합과 협동조직이 지역 안에서 서로 관계하면서 지역협동조합연합을 조직하고, 나아가 지역협동조합연합을 매개로 하여 새로운 협동조합을 형성하며, 이 새로운 협동조합이 다시 각 협동조합과 관계를 맺는 구조이다.

이 같은 관련구조는 지역협동조합연합의 새로운 기능을 지역 곳곳에서 새로운 협동을 활성화하는 지역 만들기를 지향한다고 볼 수 있다.

2) 관련구조의 유형화

(1) 세 가지 관련구조의 유형화

앞에서 정리한 관련구조를 바탕으로 유형화를 해보면 다음과 같다(〈표 6-2〉 참고). 생협시마네와 오타가이사마의 관련구조는 생협시마네가 생협시마네를 모체로 하는 오타가이사마를 자립(자율)성을 인정하면서 오타가이사마를 생협시마네 내부에 두는 '내포형' 관련구조이

<표 6-2> 생협시마네, 생활클럽생협 도쿄, 교리쓰샤 쓰루오카생협과 새로운 협동조합의 관련구조 및 유형화

구매생협	생협시마네	생활클럽생협 도쿄	교리쓰샤 쓰루오카생협
지역성	지방도시의 소비자를 기반으로 하는 생협	도시의 소비자를 기반으로 하는 생협	농촌 배후지를 넓게 안은 생협
사업 영역	무점포 사업만	무점포 사업만	매장 사업 중심
지역 만들기 구역	지소 단위	행정구 단위	시와 그 주변
새로운 협동조합	오타가이사마	워커즈컬렉티브 와다치	쇼나이 마을 만들기 협동조합 니지
조직의 성격 및 운영	· 자립성이 높은 임의조직 · 소규모 운영, 오타가이사마 세 개가 지소 단위로 활동(2008년 현재) · 세 개의 오타가이사마는 연락회를 결성하고 정보 교환 및 활동 교류를 실시	· 중소기업 등 협동조합법에 의거한 기업조합 · 모든 노동자가 출자, 노동, 경영에 참여(노동자 협동조합의 성격) · 열한 개의 와다치가 협의회를 결성	· 중소기업 등 협동조합법에 의거한 사업협동조합 · 일곱 개 단체(생협교리쓰샤, 쇼나이 의료생협, 고령협 등)가 출자해서 새롭게 만듦 · 단일 조직에서는 할 수 없는 영역을 빠르게 실현 · 지역 만들기 추진
활동 영역	생협시마니 조합원의 일상생활에서 일어나는 어려움을 지원	생활클럽생협의 개별공급을 수탁(현재 전체 사업액의 50% 이상을 수탁)	간호, 급식 및 배식, 송영, 청소 등 네 개 부문
관련구조와 특징	· 구매생협과 구매생협 내부에서 형성된 새로운 협동조합의 내포적 관련 · 생협시마네는 한 오타가이사마에 연간 48만 엔 지원, 사무소 등 무상 대여 · 홍보물 배포나 바자회 물품 회수 등은 지소직원이 지원 · 지소조합원 활동과의 연대가 강함	· 구매생협과 구매 사업 기능의 외부화의 협동조합화로 형성된 새로운 협동조합의 협동적 관련 · 현장노동에서 생활클럽생협 직원과 워커즈 와다치멤버의 협동관계 · 생활클럽과 와다치의 대표가 정기적으로 경영회의를 개최	· 구매생협과 구매생협을 모체로 형성된 지역협동조합연합을 매개로 탄생한 새로운 협동조합의 지역협동조합 연합적 관련 · 니지 임원은 규모의 크고 작음에 상관없이 각 구성단체에서 1~2명 선출 · 니지의 성과는 각 구성단체가 향유
유형	'내포형' 관련	'협동형' 관련	'지역협동조합연합형' 관련

다. 생활클럽생협 도쿄와 워커즈컬렉티브 와다치는 아웃소싱된 구매 사업의 협동조합화로 특징지을 수 있다. 와다치는 생활클럽에서 탄생 했지만 이후 기업조합으로 독립했다. 역할 분담이 명확하게 이루어져 대등한 협동관계를 형성했기 때문에 '협동형' 관련구조라고 할 수 있 다. 교리쓰샤 쓰루오카생협을 중심으로 여러 협동조합이 참여하는 지 역협동조합연합을 매개로 만들어진 쇼나이 마을 만들기 협동조합 니 지는 구매생협과 구매생협이 만든 협동조합 및 협동조직이 연합하여, 그 연합을 매개로 새로운 협동조합과 복지 서비스를 생산하고 지역 만 들기 활동을 펼치는 '지역협동조합연합형' 관련구조라고 할 수 있다.

(2) 전국의 관련구조의 유형화와 형태 분류

이번에 검증한 세 개의 관련구조는 내포형, 협동형, 지역협동조합 연합형으로 분류할 수 있는데, 전국의 사례를 좀 더 면밀하게 살펴보 면 〈표 6-3〉과 같이 세부적으로 유형화할 수 있다.

내포형(I 유형)은 일반적으로 A와 B 타입으로 나눌 수 있다. A 타입 은 생활서로돕기모임 등 임의조직과의 관련구조인데 전국적으로 가 장 많은 사례이다. 그러나 A 타입은 조합원 활동이라는 성격 때문에 협동조합적 성격이 약하고 서로 간의 연계가 잘 이루어지기 어려워 상호 영향력도 작다. 반면 B 타입은 구매생협과 새로운 협동조합의 내포적 관련구조로 새로운 협동조합에서 양성된 새로운 모습의 협동, 커뮤니케이션 능력, 문제 해결 능력 등 새로운 협동 에너지가 새로운 협동조합 자체를 지속적으로 발전시킬 뿐 아니라 구매생협 전체를 활

<표 6-3> 구매생협과 새로운 협동조합의 관련구조 유형 및 세부적인 타입

유형·타입		관련구조	특징
I. 내포형 관련	A	구매생협과 생활서로돕기모임 등의 관련	대규모 운영, 협동조합적 성격이 약함, 전국에 가장 많음
	B	생협시마네와 오타가이사마의 관련	소규모 운영, 협동조합적 성격이 약함, 내포적 관련
II. 협동형 관련		생활클럽생협 도쿄와 워커즈컬렉티브 와다치의 관련	구매 사업 아웃소싱의 협동조합화, 협동적 연계
지역 만들기형 관련	III. 지역협동조합연합형 관련	교리쓰샤 쓰루오카생협과 지역협동조합연합을 매개로 만들어진 쇼나이 마을 만들기 협동조합 니지 관련	복수의 협동조의 연합 조직을 매개로 '새로운 협동조합'을 설립하여 복지 서비스를 제공, 지역협동조합연합적 관련
	IV. 지역 네트워크형 관련	생활클럽생협 도쿄와 워커즈, NPO 법인, 사회복지법인 등의 관련	구매생협을 모체로 워커즈, NPO 법인 등 다양한 조직을 창출하고 지역에서 네트워크화, 지역 네트워크적 연계

자료: 다나카 히데키와 오카무라 노부히데가 협의해서 작성.

성화시키는 원동력이 될 수 있다.

협동형(II 유형)은 아직 크게 확대되지는 않았다. 그러나 워커즈가 지향하는 새로운 삶의 방식, 노동방식은 경제 효율을 최우선으로 하고 관계가 단절된 이 시대의 노동관계를 바꾸고자 하는 요청에 부합한다. 생활클럽생협 도쿄와 워커즈컬렉티브 와다치의 관련구조는 아웃소싱된 구매 사업을 협동조합화한 것인데, 위계적인 상하관계가 아닌 독립된 개별 조직 간의 평등한 협동관계를 맺는다.

지역협동조합연합형(III 유형)은 교리쓰샤 쓰루오카생협과 교리쓰샤 쓰루오카생협을 모체로 만들어진 지역협동조합연합을 매개로 탄생한 쇼나이 마을 만들기 협동조합 니지의 관련구조이다. 다시 말해 복수의 협동조합이 연합해 새로운 기능을 창조하고 복지 서비스를 만들어내며, 다시 각 협동조합과 서로 연계하는 관련구조이다.

지역 네트워크형(IV 유형)은 구매생협과 워커즈, NPO법인, 사회복지법인 등 복수의 새로운 협동조합의 관련구조이다. 이 구조는 생활클럽에서 많이 볼 수 있는데, 구매생협을 모체로 워커즈나 NPO법인을 만들고 지역에서 네트워크화한다는 특징이 있다. 2008년 현재 생활클럽생협 도쿄 주위에는 생활클럽에서 출발한 80개가 워커즈, NPO법인, 사회복지법인 등 협동조직(새로운 협동조합)이 활동하며 서로 관련을 맺었다. 이런 의미에서 네트워크화된 다양한 새로운 협동조합과 구매생협이 관련을 맺으면서 지역에서 새로운 협동을 만들어낸다.

지역협동조합연합형(III 유형)과 지역 네트워크형(IV 유형)은 지역에서 다양한 형태의 협동을 재생하고 지역 만들기를 지향하므로 지역만들기형 관련으로 묶을 수 있다.

이처럼 구매생협과 새로운 협동조합의 관련구조는 각각의 지역성에 입각해서, 그리고 역사적 과정을 거쳐 만들어졌다(〈표 6-3〉 참조).

이를 도식화하면 〈그림 6-2〉와 같다. 요약하면, 구매생협(큰 협동조합)은 다양한 새로운 협동조합(작은 협동조합)을 만들어내고 자립시키며, 이 둘은 서로 관련을 맺으면서 지역의 협동센터 역할을 담당한다.

이 책에서는 세 개 사례를 실증적으로 검증했는데 생협시마네와 오타가이사마, 생활클럽생협 도쿄와 워커즈컬렉티브 와다치, 교리쓰샤·쓰루오카생협과 지역협동조합연합을 매개로 형성된 쇼나이 마을만들기 협동조합 니지의 관련구조는 각 유형의 대표적인 사례이며, 이러한 관련구조의 발전은 새로운 협동을 재생시켰다. 이는 최대 전

〈그림 6-2〉 구매생협과 새로운 협동조합의 관련구조

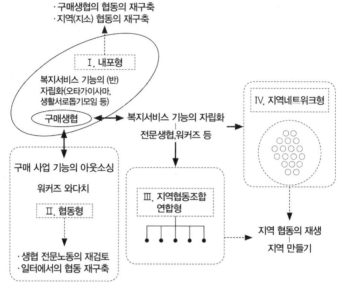

자료: 다나카 히데키와 필자가 협의 후 작성.

환기 맞은 구매생협이 앞으로 나아갈 방향을 모색하는 데 귀중한 선
구적인 실천이었다고 할 수 있다.

3. 구매생협과 새로운 협동조합 간 관련구조의 의의

1) 생협 운동의 지속적 발전의 가능성

이 장에서는 구매생협과 새로운 협동조합의 관련구조를 유형화하

고 그 발전 가능성을 고찰했는데, 이로써 다음과 같은 점이 분명해졌다. 구매생협과 구매생협에서 만들어진 새로운 협동조합의 관련구조는 '내포형', '협동형', '지역협동조합연합형', '지역 네트워크형'으로 유형화할 수 있으며, 새로운 협동조합은 구매생협이나 지역에서 사라져가는 협동을 재생시켜 새로운 협동 에너지를 만들었다. 그리고 새로운 협동조합에서 되살아난 새로운 협동 에너지가 구매생협으로 환류되어 구매생협을 활성화시켰다.

구매생협은 지금까지 축적해온 다양한 경영 자원을 새로운 협동조합에 투입했고, 이로써 구매생협의 발전 가능성을 높였다. 앞으로 구매생협은 새로운 협동조합을 구매생협 내부와 주위에 다양하게 만들고 관련을 맺음으로써, 사람과 사람 간의 협동을 유지하면서 효율적인 사업조직을 만들어간다는 어려운 문제를 해결할 가능성을 만들었다.

다시 말해, 내포형, 협동형, 지역협동조합연합형, 지역 네트워크형의 네 가지 관련구조는 '새로운 삶의 어려움'에 대응함과 동시에 구매생협을 활성화하여 생협 운동 전체의 지속적인 발전을 가능하게 할 것이다.

해외에서는 전통적 협동조합이 여러 가지 어려움에 부딪혔고, 새로운 활동 영역에서 사회적 협동조합과 워커즈코프(노동자협동조합) 등 새로운 협동조합이 나타나 다양한 관계성을 회복하고 '새로운 삶의 어려움'을 극복하려는 운동이 확대되었다. 그리고 수십 년간 이러한 운동들이 등장하고 확대되면서 협동조합 운동이 끊임없이 갱신되었다.[5] 이 책에서 보여준 일본 생협 운동에 대한 실증적 분석의 결과도 이와 같다고 할 수 있다.

이 책에서는 여러 번 카를로 보르자가(Carlo Borzaga)의 분석을 인용했는데, 2006년 12월 4일 보르자가의 강연회가 교토(京都)에서 열렸다. 보르자가는 사회적 협동조합(새로운 협동조합)과 전통적 협동조합(구매생협)의 관련에 대해 "최근 2~3년간 사회적 협동조합이 전통적 협동조합에 끼친 영향은 크게 두 가지이다. 첫째, 공익(共益)·공조(共助) 조직이었던 전통적 협동조합에 사회적 공헌의 중요성을 재인식시켰다는 점이다. 지금은 전통적 협동조합도 지역사회에 공헌하는 공익(公益)·공조(公助)의 방향으로 나아가고 있다. 둘째, 전통적 협동조합은 시장원리에 기초한 지금까지의 획일적인 매니지먼트를 반성하고, 사회적 협동조합의 소규모의 유연성 있는 매니지먼트 기법을 조금씩 받아들이고 있다. 그리고 전통적 협동조합과 사회적 협동조합이 서로 관련을 맺으면서 양쪽 모두에 이득이 발생해 협동조합 운동 전체가 크게 발전했으며, 운동은 공익성을 높이는 새로운 방향으로 나아가고 있다"고 보고했다.

보르자가는 구매생협과 새로운 협동조합이 서로 관련을 맺으면서 생협 운동 전체가 크게 발전하고 있다는 것을 실제 사례를 통해 보여주었다.

2) 구매협동과 복지협동의 결합과 '생활에서 나오는' 협동의 지속 가능성

사람들의 생활은 구매협동과 복지협동이 서로 관련을 맺으면서 영위된다. 구매협동은 상품 구입을 통한 협동이고, 복지협동은 육아·

교육·돌봄의 협동이다. 다시 말해, 구매협동은 생활수단(상품)을 대상으로 하고 복지협동은 서비스를 대상으로 한다.

구매협동은 지금까지 구매생협이 담당해왔으며, 복지협동은 새로운 협동조합이 이끌어가려 한다. 구매협동은 다른 가정의 노동과 서로 관련을 맺을 뿐 아니라 사회와의 접점에 위치한다는 의미에서 포섭적 협동이자 '큰 협동'이라 할 수 있다.[6] 한편 복지협동은 육아나 돌봄 등의 영역으로 비교적 작은 단위에서의 협동이 요구되며 그런 의미에서 '작은 협동'이라 할 수 있다. 구매협동과 복지협동의 관계는 '큰 협동 안의 작은 협동'으로 바꿔 말할 수 있다.

구매협동은 상품을 대상으로 하기 때문에 시장원리나 경제 효율에 입각해 규모가 커지는 경향이 있다. 하지만 조직이 커지면 사람과 사람 간의 연결이 약해지고 협동은 줄어든다. 한편 복지협동은 서비스 노동의 협동화이며, '사람에 의한, 사람을 위한 활동'이기 때문에 필연적으로 공급하는 사람과 받는 사람의 공동 작업이 된다. 둘은 이 과정에 주체적으로 참여하고 협동은 끊임없이 되살아난다. 그러므로 좀 더 풍요로운 삶을 실현하기 위해서는 구매협동과 복지협동의 결합이 계속적으로 요구된다.

협동조합은 협동관계를 키워가는 데 가치를 두며, 협동의 상실은 협동조합의 존재 가치를 의심하게 한다. 따라서 협동조합의 가장 중요한 과제는 협동을 지속적으로 발전시키는 것이다. 구매협동만으로는 이를 실현하기 어렵기 때문에 협동을 끊임없이 재생하는 복지협동을 연결시킴으로써 지속적인 협동의 발전을 담보할 가능성을 키워가야 한다.

쓰루오카생협이 다이에(일본의 대형 할인점 체인) 진출로 궁지에 몰렸을 때 조합원이 들고 일어난 것은 생협 매장에서 육아지원 활동을 꾸준히 실천(복지협동)해왔기 때문이다. 조합원은 이러한 활동을 경험하면서 생협을 삶의 일부로 느꼈고, '쓰루오카생협이 도산하는 것은 나의 삶이 파괴되는 것'이라는 위기의식은 대형 슈퍼마켓과 싸울 수 있는 원동력이 되었다(제5장 제4절).

본래 구매협동과 복지협동은 밀접한 관계인데, 그간 경제의 글로벌화와 경쟁의 심화로 인해 이 둘의 관계가 단절되었고 생활은 위험에 처했다. 그러나 구매협동과 복지협동은 생활 그 자체이다. 생활을 더 풍요롭게 재생시키기 위해서는 양쪽을 연결해가는 것 밖에는 방법이 없다. 구매협동과 복지협동의 결합은 생활에서 나오는 협동을 지속시킴으로써 더 풍요로운 생활을 만드는 데 기여한다.

3) 협동조합 원칙의 내실화와 지역 만들기

국제협동조합연맹(ICA)은 1980년 모스크바 대회에서 레이들로 보고서 『서기 2000년의 협동조합』이 나온 이래 협동조합의 역할과 의의, 가치를 둘러싼 논의를 계속해왔다. 그리고 이를 집대성하여 1995년에 있었던 ICA 창립 100주년 기념 맨체스터대회에서 협동조합 제4원칙(자치와 자립)과 제7원칙(지역사회에 대한 기여)을 새로 추가하고 각각의 정의를 명시했다.

「협동조합 정체성에 대한 ICA 선언 배경 보고서(ICA Statement on Co-operative Identity Background Paper)」는 21세기 협동조합 원칙 제정이 다음과 같은 상황에 근거하고 있음을 밝히고 있다.

협동조합 운동은 자신의 역사 속에서 끊임없이 변화해왔고 앞으로도 계속 변화할 것이다. 이러한 변화 근간에는 모든 인간에 대한 존중과, 모든 인간이 서로 도우며 경제적·사회적으로 스스로를 향상시키는 능력이 있다는 신념이 놓여 있다. 그리고 협동조합 운동은 경제활동에 민주적인 절차를 적용하는 것이 가능하고 바람직하며 효율적이라고 확신한다. 또한 민주적으로 관리되는 경제조직이 인간의 공통이익에 공헌할 것으로 확신한다.

이 보고서에 근거하여 ICA는 "협동조합은 협동으로 소유하고 민주적으로 관리하는 사업(Enterprise)을 통해 공통의 경제적·문화적 필요를 충족시키기 위해 자발적으로 맺어진 사람들의 결사체(Association)이다"라고 처음으로 정의를 내렸다. 즉, 협동조합의 실체는 인격적 결합이며, 사업을 통해(수단) 조합원의 생각과 바람을 실현하는(목적) 협동조직이다.

시대의 요청으로 새롭게 추가된 협동조합 제7원칙인 '지역사회에 대한 기여'는 본래 협동조합이 지역커뮤니티의 일원이기 때문에 '지역 만들기'에 적극적으로 관여해야 한다는 것을 명시한 것이다. 제7원칙과 정의를 한데 묶어 표현하면, "협동조합은 사람과 사람의 연결(=협동)을 계속하여 '지역 만들기'를 추진하는 결사체(Association)이다"로 정리할 수 있다.

이 책에서 검증해온 새로운 협동조합은 사람과 사람을 연결해 협동을 재생하고 협동조합 원칙을 내실화했다. 또한 생활·복지 영역의 새로운 요구에 대한 대응이나 지역경제 활성화에도 적극적으로 참여하고 '지역 만들기'를 실천한다. 다시 말해, 구매생협과 새로운 협동조합이 서로 관련을 맺는 것은 1995년 ICA대회에서 확인된 협동조합 원칙을 내실화하고 지역 만들기를 추진하는 것으로 이어진다.

4. 새로운 협동조합을 포함한 21세기형 생협의 전망

이 책에서는 전환기 구매생협의 새로운 방향성에 대해 고찰했다. 구매생협은 구매협동의 사명을 수행하면서도 새로운 시대에 대응할 것을 요구받았다. 새로운 시대의 요구는 확실히 생활·복지 영역의 것이기 때문에 구매협동만으로 해결하기에는 무리가 있었다. 복지협동을 담당하는 새로운 협동조합을 내부에 만들거나, 외부에서 주입하는 것 외에 다른 해결책은 없다. 즉, 구매생협 내부에 작은 새로운 협동조합을 꾸리거나 구매생협 주변의 새로운 협동조합과 네트워크를 형성하거나, 또는 지역협동조합연합을 매개로 새로운 협동조합을 조직하는 관련구조를 만들어야 한다. 새로운 협동조합의 조직은 시대 요청인 생활·복지 영역에 대한 요구에 응하는 것이다. 새로운 협동조합과 구매생협이 서로 관련을 맺는 것은 구매생협 안에 '생활에서 나오는' 협동을 되살리고, 나아가 각자의 강점이 서로에게 영향을 주어 더 확실하게 생협 운동이 지속적으로 발전할 수 있게 한다.

한편, 생협시마네와 오타가이사마, 생활클럽생협 도쿄와 워커즈컬렉티브 와다치, 교리쓰샤 쓰루오카생협과 쇼나이 마을 만들기 협동조합 니지에서 볼 수 있는 관련구조는 지역성과 역사적 과정에 따라 다양한 모습으로 나타난다.

구매생협은 다양한 모습의 협동을 만들고 자립시키는 등 지역 내 협동센터로 변모하고 있음을 보여주었다. 지역의 협동센터라는 위상을 획득한 구매생협은 다시 지역의 다양한 협동과 연계한다. 큰 구매생협(큰 협동조합) 내부 혹은 주변에 작은 새로운 협동조합(작은 협동조합)을 만들어 서로 관계하는 '협동조합 내 작은 협동조합'은 매우 중요한 전략이다.

21세기형 생협은 지금까지 쌓아온 식품 안전의 토대를 바탕으로 '구매생협과 새로운 협동조합의 관련'과 '구매협동과 복지협동의 결합'을 실천하는 협동조합으로 전환해야 한다. 구매생협과 새로운 협동조합의 관련을 내부와 주위에 많이 만들며 구매협동과 복지협동을 결합시키는 것은, '새로운 삶의 어려움'에 대응해야 하는 시대의 요청에 부응하는 것이자 생협 운동 전체를 지속적으로 발전시키는 것이다. 나아가 '안심하고 생활할 수 있는 지역사회 만들기'에 공헌하는 것이기도 하다.

이 책에서는 구매생협과 새로운 협동조합의 관련구조를 정리하고 유형화함으로써 21세기형 생협을 고찰해보았다. 앞으로의 과제는 21세기형 생협을 보편화하고 또 다른 선진 사례의 실증적인 분석을 계속하여 관련구조론을 발전시키는 것이다.

맺음말

　이 책을 완성하는 데 5년이라는 시간이 걸렸다. 일하며 틈틈이 조사하고 분석한 것이어서 부족한 점이 많지만, 분석을 일단락한다는 의미로 출판을 결정했다.

　필자는 전환기에 놓인 생협의 새로운 전망을 구매생협과 새로운 협동조합의 관련구조 차원에서 고찰했다. 이 책의 목표가 생협 운동의 미래를 전망하는 것이었기 때문에 지역사회의 지속적 발전에 대해서는 거의 다룰 수 없었다. 그러나 생협은 본래 지역사회의 일원이기 때문에 지역사회의 지속적 발전이 없다면 생협 운동의 발전 또한 있을 수 없다. 따라서 본문에서는 다룰 수 없었던 지역사회의 지속적 발전과 생협의 관계에 대해 조금 언급하고자 한다.

　지역사회의 지속적 발전을 위해서는 지역 자원을 관리하고 낭비와 환경 파괴를 최소한으로 억제하는 '지역순환형 사회 · 경제 시스템'을 구축해야 한다. 그러므로 앞으로 생협은 사업자로서 지역 산업과 제휴하거나 지산지소 운동을 전개하는 등 지역순환형 사회·경제 시스템의 추진자 역할을 맡을 것을 요구받는다. 지금까지 전국적으로 추진해온 생협의 산지직거래 운동은 선구적인 실천이라 할 수 있다.

원래 지산지소 운동은 식품 안전 확보와 식량 자급율 향상, 먹거리 안전 보장 확립과 연결되며, 푸드마일리지[food mileage(먹거리 운송 거리 = 먹거리 중량 × 거리)]를 감소시켜 지구온난화의 주요 요인인 이산화탄소를 줄이는 효과까지 있다. 또한 다품종 소량생산을 가능하게 하여 산지직거래 현장이나 직매소에서 볼 수 있듯이 생산(자)과 소비(자) 간 거리를 좁혀준다. 다품종 소량생산은 고령자와 여성의 농업 취업을 촉진시킴으로써 가속화되고 있는 마을의 쇠퇴 속도를 늦추기도 한다.

그러나 전국의 중산간 지역에서는 '한계 마을'[1]이 급증하여 마을을 유지하기가 갈수록 어려워졌다. 마을의 붕괴는 농업의 또 다른 기능인 아름다운 경치의 보전이나 생태계 유지 등을 어렵게 하고 수원림(水源林) 등을 빠르게 황폐화시킨다. 이 때문에 비를 담아두는 덤불숲이 자라지 못해 표토가 쉽게 유출되고 땅의 보수력이 저하된다. 보수력 저하는 하천의 수위 상승 등으로 인한 수해 위험성을 높이고, 유출된 토사는 유역 생태계에 영향을 준다. 즉, 농촌 마을의 유지와 관련된 문제는 결국 도시 소비자의 문제이기도 하다.

지산지소 운동은 식품 안전 확보, 식량 자급율 향상, 먹거리 안전 보장, 촌락 존속, 농업의 다면적 기능 유지 등 여러 가지 역할을 한다. 촌락의 붕괴가 가속화되고 있는 지금 단계에서, 지역사회의 일원인 생협은 협동조합 간 협동, 지역 네트워크를 더욱 강화하여 지속 가능한 지역사회 만들기에 공헌할 것으로 기대된다. 우치하시 가쓰토(内橋克人)는 지역순환형 사회·경제 시스템을 실현하기 위해 'FEC 자급권'[2]을 강조한다. FEC란 Food, Energy, Care의 앞 글자를 딴 조어이다. 식품 안전 확보, 식량 자급률 향상, 먹거리 안전 보장 확립, 농업·농촌의 활성화, 에너지 절약, 에너지 자급률 향상, 환경 보전, 의료·돌봄·복지 안심, 이웃끼리 서로 돕기 등 얼굴과 얼굴이 보이는 관계에서 지역 자원과 인적 자원을 활용하는 것이 낭비 없이 지속 가능한 지역 만들기를 실천하는 길이라는 주장이다.

Food(먹거리의 안전보장, 먹거리의 안전)에 대해서는, 지금까지 언급한 것처럼 생산(자)과 소비(자)의 거리를 좁혀 지산지소 운동을 끈기 있게 계속하는 것이 핵심이다.

Energy(자원, 에너지, 환경보전)에 대해서는, 원유 가격 폭등과 지구온난화를 염두에 둔다면 수입의존도가 높고 지구온난화의 주요 요인인 이산화탄소를 배출하는 석탄원료 사용을 줄이고 자연에너지를 활용하는 것이 시급하다. 일본에서는 현재 자연에너지 '일본 1위'라 불리는 이와테(岩手) 현 구즈마키(葛巻) 마을의 풍력발전·태양광발전·바이오매스 등과 아오모리(青森) 현 아지가사와(鯵ヶ沢) 마을의 풍력발전, 야마나시(山梨) 현 쓰루(都留) 시의 소수력발전, 오카야마 현(岡山県) 마니와(真庭) 시의 바이오매스 등 다양한 사업이 전개되고 있다.

Care(의료, 돌봄, 복지)는 연금 다음으로 사회보장제도의 큰 축인데, 현재 일본에서는 연금을 비롯해 제도 자체가 크게 흔들리고 있다. 지금까지 생협에서는 사회보장제도를 과제로 삼는 경우가 많지 않았다. 하지만 저출산 · 고령화 · 인구 감소 등 시대가 크게 변하고 있는 지금, 이는 생협의 가장 중요한 과제이다.

우치하시 가쓰토가 주장한 FEC 자급권 만들기, 즉 지역순환형 사회 · 경제 시스템의 형성은 앞서 말한 것과 같이 그 근거가 확실하다. 앞으로는 국가 차원의 정책 설정과 제도의 재정비, 이와 더불어 지역 안에서 주민 스스로가 네트워크 방식으로 활동을 전개하는 것이 중요하다.

여기에서 지역의 네트워크 활동 사례를 소개하고자 한다. 하나는 재정 상황이 좋지 않은 작은 마을에서 진행하는 주민참가형 마을 만들기이고, 다른 하나는 목조 주택 보급과 삼림 보전 활동이다.

주민참가형 마을 만들기는 도쿠시마(德島) 현의 가미카쓰(上勝) 마을의 사례인데, 이 마을은 2005년 현재 인구 1955명, 고령화율 44.2%의 초고령화 마을이다. 가미카쓰 마을은 고령화, 인구 감소, 재정 악화라는 최악의 상황을 도약대로 삼아 1991년부터 주민참가형 주민자치로 전환해 다양한 사업과 쓰레기 제로(zero waste) 운동 등을 전개했다. 이 중 대표적인 사업이 '이로도리(彩)'이다. 이로도리 사업은 은행나무나 단풍나무 잎사귀를 일본 요리 장식인 쓰마모노(妻物) 전국에 판매하는 사업이다. 350가지의 다양한 종류를 갖추었으며 연중 출하 체계를 마련했다. 2005년 매출은 2억 5000만 엔이었으며, 마을 인구의 약 10%에 해당하는 200여 명의 주민이 이로도리 사업에 관계했다.

또 가미카쓰 마을 주민들은 환경 보전 활동도 적극적으로 펼쳤다.

〈표〉 가미카쓰 마을의 쓰레기 제로 선언

미래의 아이들에게 깨끗한 공기와 맛있는 물, 풍요로운 대지를 전하기 위해 2020년까지 가미카쓰 마을을 쓰레기 없는 마을로 만들 것을 결의하고 쓰레기 제로를 선언합니다.

1. 지구를 더럽히지 않는 사람을 만드는 데 노력합니다!
2. 쓰레기의 재활용 및 재자원화를 추진해 2020년까지 소각과 매립 처분이 사라지도록 최선의 노력을 다합니다!
3. 지구환경을 위해 전 세계에 많은 동료를 만듭니다!

— 2003년(평성 15년) 9월 19일 도쿠시마 현 가쓰우라 군 가미카쓰 마을

마을의회는 2003년 '쓰레기가 더 이상 쓰레기가 아닌 마을'을 목표로 '가미카쓰 마을 쓰레기 제로 선언'을 결의했다(〈표〉 참고).

마을 주민들이 가정에서 나온 쓰레기를 직접 집하장으로 가져오기 때문에 마을에는 청소차가 따로 없으며 쓰레기 소각장도 가동하지 않는다. 쓰레기의 자원화를 위해 쓰레기는 34종류로 분리한다. 이는 전국에서 가장 세분화된 분리수거법이다. 음식물쓰레기는 기본적으로 버리지 않고 퇴비로 만든다. 휴일에는 어린이들도 적극적으로 도우며 어르신들은 이웃의 도움을 받는다. 쓰레기를 줄이기 위한 또 다른 노력으로 친환경 제품 구입 운동(グリーン購入運動)을 추진하고 있는데, 이는 환경부하가 적은 상품을 위주로 보급하고 불필요한 포장을 피하는 활동이다. 이와 같은 노력의 결과, 마을의 쓰레기 처리 비용 부담은 기존의 40% 수준으로 줄어들었다. 또 이러한 활동을 통해 마을주민들은 더욱 환경에 관심을 기울이게 되었고 지역주민 간 결속도 단단해졌다. 2008년에는 이로도리 사업이나 환경보전 등의 다양한 사업과

활동을 계기로 청년과 중년층의 U · I턴*이 증가하여 그 수가 20년간 130명에 달했다.

이와 같은 새로운 사업 전개와 경비 절감을 위한 노력은 마을 재정을 개선시킬 뿐 아니라 새롭게 염출한 재원으로 사회보장을 충실히 하고 강화할 수 있는 가능성도 생겨났다.

나카지마 마코토(中嶋信)는 가미카쓰 마을의 활동에 대해 "(마을은) 국가의 산업정책이나 지역정책의 미비를 주장하는 동시에 독자의 전략을 세워 매력적인 마을 만들기를 추진하여 당면한 어려움을 이겨나가면서 국가정책의 전환을 이끌어내고 있다"라고 평가했다.[3]

목조주택의 보급과 삼림보전 사례는 히로시마(広島) 현의 '주거세미나'인데, 이는 안전한 주거와 삼림보전을 목표로 1999년부터 개최되고 있는 '주(住)'의 지산지소 운동이라 할 수 있다. 지역에서 활동하는 기노카오루** 주택공방(木の香る住宅工房: 건축가, 임업가, 목재사, 건축사무소 등으로 구성된 임의조직)과 히로시마 현 생협연합회가 함께하는 협동사업인데 히로시마 현도 측면에서 지원했다.

주거 세미나는 연 4~6회 여는 강좌와 봄과 가을에 산에서 하는 세미나로 구성되었다. 강좌는 지구환경, 삼림 보전, 목조 주택의 특성과 내구성 및 내진성, 개축, 인테리어, 비용 등 다른 곳에서는 경험할 수

---

* U턴 취직과 I턴 취직의 줄임말로, U턴 취직은 진학 때문에 고향을 떠났다가 고향으로 돌아와 취직하는 것을 말하며, I턴 취직은 출신지와 관계없이 지방기업에 취직을 희망하는 자를 일컫는다.

** '나무 향이 나는'이라는 뜻이다.

없는 집과 관련한 풍부한 내용을 담았다. 지금까지 참가한 사람의 수가 2000명을 넘었고, 목조주택 신축이나 개축에 대한 상담도 증가해 그동안 100건 이상의 실적을 올렸다. 산에서 하는 봄·가을 세미나에서는, 봄에는 숲 만들기, 가을에는 숲 만들기와 벌채 견학, 관리되고 있는 숲과 그렇지 않은 숲 견학 등을 실시했다. 산에서 하는 세미나는 살아 있는 학습이 가능하기 때문에 참가자들에게 좋은 평가를 받았으며, 가족 동반 참가가 많았다. 2005년부터는 한 임업가의 호의로 숲의 일부를 무료로 빌려 '공방의 숲'을 만들어 숲을 키웠는데, 직접 심은 삼나무, 편백나무, 상수리나무가 성장하는 모습은 사람들에게 기쁨과 감동을 선사했다.

이런 주거 세미나 활동은 소규모로 진행되어 영향력은 아직 미미하지만, '목조 주택의 수요 확대 → 지역 건축사무소와 목공소의 일거리 창출 → 지역·국산 목재의 사용 확대 → 임업가의 일거리 창출 → 삼림보전'(생산-소비-생산)이라는 순환의 일부를 담당하고 있어 그 의의는 매우 크다. 또 삼림 보전은 수자원 함양이나 토양 침식 및 유출 방지 등과 함께 이산화탄소 흡수에 도움을 주어 지구온난화를 방지하는 역할도 하고 있다.

이 두 사례와 비슷한 활동들이 전국에 많이 있는데, 굳이 이를 선택한 이유는 주민참가형 주민자치의 가능성과 생산자-전문가-소비자의 연계를 통한 협동사업과 환경보전 가능성의 기준을 보여주고 있다는 데 있다.

필자가 생협에서 일을 시작한 때는 1975년 1월로 거슬러 올라간다.

모 대기업 증권회사에서 3년간 근무한 후 전직했는데, 뒤돌아보면 눈 깜짝할 사이에 30년이 지나갔다.

그리고 2002~2007년 5년간 생협 운동의 전망을 고찰할 목적으로 히로시마대학 대학원에서 공부했다. 생협 업무와 연구를 병행했기 때문에 현지조사와 문헌조사를 위한 시간을 확보하기가 꽤 어려웠다. 아침형 인간인지라 연구를 진행하기에는 이른 아침이 최적이었고, 거의 매일 아침 일찍 일어나 연구에 시간을 할애했다. 또 쉬는 날에는 좋아하는 등산마저 미루면서 현지조사와 자료 정리에 몰두했다.

나를 지도해준 다나카 히데키 교수님은 내가 좌절할 때마다 조언을 해주며 용기를 주었다. 그런 의미에서 나의 박사학위논문은 교수님께 힘입은 바가 크다. 진심으로 감사드린다.

이 책은 나의 박사논문(2007년 3월)을 약간 수정한 것인데, 역량이 부족하여 처음부터 출판할 생각은 없었다. 커다란 전환기를 맞이한 생협 운동이 나아갈 지속 발전의 길을 명확하게 밝히고 확신을 얻고자 하는 것이 나의 목표였다.

다행스럽게도 많은 분의 조언을 받아 생전 처음 책을 내게 되었다. 이 책을 출판하는 데 메이지 대학의 나카가와 유이치로 교수와 일본경제평론사의 신 타쓰지(清達二)의 도움이 컸다. 감사드린다. 책이 나온 이상 생협 운동에 관계된 사람들과 관심 있는 독자들에게 많이 읽혀 생협 운동과 지역 만들기에 대해 함께 생각해볼 수 있길 바란다.

참고문헌

阿部志郎. 1997. 『福祉の哲学』. 誠信書房.

池上惇・二宮厚美 編. 2005. 『人間発達と公共性の経済学』. 桜井書店.

石毛鍈子. 1997. 『福祉のまちを歩く』. 岩波書店.

市川英彦・福永哲也・村田隆一 著. 1998. 『農協がおこす地域の福祉』. 自治体研究社.

一番ヶ瀬康子. 2000. 『少子高齢社会における福祉の町づくり』. かもがわブックレット.

石見尚. 2002. 『第四世代の協同組合論』. 論創社.

内橋克人. 1995. 『共生の大地』. 岩波新書.

_____. 2000. 『浪費なき成長』. 光文社.

内山節 編著. 1999. 『市場経済を組み替える』. 農山漁村文化協会.

内山節. 1993. 『時間についての十二章』. 岩波書店.

内山節・竹内静子. 1997. 『往復書簡 思想としての労働』. 農山漁村文化協会.

宇津木朋子. 1994. 「もう一つの働き方としてのワーカーズ」. ≪生協運営資料≫, No.155, 日本生活協同組合連合会.

大窪一志. 1994. 『日本型生協の組織像』. コープ出版.

大高研道. 2004. 「協働による地域の自律」. 中嶋信・神田健策 編 『地域農業もうひとつの未来』. 自治体研究社.

_____. 2006. 「地域とともにある協同組合運動をめざす共立社の挑戦」. 吉田寛一・渡辺基・大木れい子・西山泰男 編 『食と農を結ぶ協同組合』. 築波書房.

太田原高昭・中嶋信 編著. 2003. 『協同組合運動のエトス』. 北海道協同組合通信社.

岡田智弘 編著. 2002. 『国際化時代の地域経済学』. 有斐閣アルマ.

岡村信秀. 2005. 「地域づくりと協同組織の新段階—島根県石見町"いきいきいわみ"の事例から検証する—」. ≪協同組合研究≫, 第24巻 第1号, 日本協同組合学会.

_____. 2006. 「購買生協における新たな協同運動の展開とその意義—生協しまね"おたがいさまいずも"を対象に—」. ≪生活協同組合研究≫, 通巻363号, 生協総合研究所.

_____. 2006. 「購買生協とワーカーズの協働とその意義—ワーカーズ・コレクティブ"輜"を対象に」. ≪社会運動≫, 三一四, 市民セクター政策機構.

_____. 2007. 「共立社・鶴岡生協と庄内まちづくり協同組合"虹"の関連構造とその意義」. ≪生活協同組合研究≫, 通巻373号, 生協総合研究所.

小野雅之. 2003. 「虹のロマンに生きて―佐藤日出夫と共立社鶴岡生協」. 太田原高昭・中嶋信 編著. 『協同組合運動のエトス』. 北海道協同組合通信社.

角瀬保雄・川口清史 編著. 1999. 『非営利・協同組織の経営』. ミネルヴァ書房.

柏井宏之. 2003. 「公益法人改革の動向とワーカーズ・コレクティブ」. ≪生活協同組合研究≫, 通巻333号, 生協総合研究所.

兼子厚之. 1992. 「日本の生協の現状とその発展要因」. 生協総合研究所 編. 『協同組合の新世紀』. コープ出版.

金子郁容. 1992. 『ボランティアも うひとつの情報社会』. 岩波新書.

川口清史. 1992. 「日本生協運動の発展モデル」. 生協総合研究所 編. 『協同組合の新世紀』. コープ出版.

川口清史 編. 1998. 『協同組合 新たな胎動』. 法律文化社.

川口清史・富沢賢治 編. 1999. 『福祉社会と非営利・協同セクター』. 日本経済評論社.

川口清史・大沢真理 編著. 2004. 『市民がつくるくらしのセーフティネット』. 日本評論社.

神田嘉延・遠藤知恵子・宮崎隆志・内田和浩 編著. 1997. 『生涯学習を組織するもの』. 北樹出版.

栗本昭. 2005. 「日本型生協の特質と現状, 変化のトレンド」. 現代生協論編集委員会・編. 『現代生協論の探求〈現状分析編〉』. コープ出版.

佐々木雅幸. 1994. 『都市と農村の内発的発展』. 自治体研究社.

佐藤慶幸. 2002. 『NPOと市民社会』. 有斐閣.

佐藤日出夫. 1985. 「共立社鶴岡生協の提携活動」. 渡辺睦 編著. 『中小業者の協同組合』. 新評論.

_____. 2000. 『安心して住みつづけられるまち』. 同時代社.

佐藤日出夫・美土路達夫. 1981. 『ここに虹の旗を 鶴岡生協と住民運動 I』. 民衆社.

塩原勉. 1994. 『転換する日本社会』. 新曜社.

下山保. 2004. 「見えてきた21世紀型生協」. 中村陽一・21世紀コープ研究センター 編著. 『21世紀型生協論』. 日本評論社.

神野直彦. 2002. 『地域再生の経済学』. 中公新書.

_____. 2002. 『人間回復の経済学』. 岩波新書.

鈴木勉. 1994.『ノーマライゼーションの理論と政策』. 萌文社.

_____. 2006.「福祉の共同性と協同組合の福祉事業」. ≪協う≫, 第95号, くらしと協同の研究所.

鈴木文熹. 2000.「住民発の福祉と有機農業が結合して網の目に」. ≪南信州地域問題研究所ニュース≫, No.77.

_____. 2004.「競争社会とは異なるもうひとつの社会を求めて」. 南信州地域問題研究所 編.『国づくりを展望した地域づくり』. やどかり出版.

鈴木文熹 編著. 1990.『地域づくりと協同組合』. 青木書店.

鈴木文熹・中嶋信 編. 1995.『協同組合運動の転換』. 青木書店.

相場健次. 2002.『戦後日本生活協同組合論史』. 日本経済評論社.

高橋晴雄 編著. 2001.『発想の転換』. 同時代社.

高橋彦芳・岡田知弘. 2002.『自立をめざす村』. 自治体研究社.

武田一博. 1998.『市場社会から共生社会へ』. 青木書店.

田代洋一. 2003.『農政「改革」の構図』. 筑波書房.

田代洋一 編. 2004.『日本農村の主体形成』. 筑波書房.

田中夏子. 2002.「イタリアの社会的経済と, 市場及び自治体との相互作用について」. 農林中金総合研究所 編.『協同で再生する地域と暮らし』. 日本経済評論社.

_____. 2004.『イタリア社会的経済の地域展開』. 日本経済評論社.

田中夏子・杉村和美. 2004.『スローな働き方と出会う』. 岩波書店.

田中秀樹. 1998.『消費者の生協からの転換』. 日本経済評論社.

_____. 2000.「現代消費社会と新しい協同運動. 中川雄一郎 編.『生協は21世紀に生き残れるのか』. 大月書店.

_____. 2001.「地域づくりと協同組合」. ≪農業・農協問題研究≫, 第25号.

_____. 2005.「生協運動の現段階と新しい生協像の模索」.『社会運動303』, 市民セクター政策機構.

_____. 2005.「脱協同組合化と生協の再構築—新しい像の模索」. ≪クオータリー[あっと]≫, 2号, 太田出版.

_____. 2006.「生活主体形成と生協運動」. 現代生協論編集委員会・編.『現代生協論の探求〈理論編〉』. コープ出版.

田村明. 1999.『まちづくり実践』. 岩波新書.

戸水田嘉久・三好正巳 編著. 2005.『生協再生と職員の挑戦』. かもがわ出版.

中川雄一郎. 2002.「グローバリゼーションとコミュニティ協同組合」. 農林中金総合研究所 編.『協同で再生する地域と暮らし』. 日本経済評論社.

_____. 2005.『社会的企業とコミュニティの再生』. 大月書店.

中川雄一郎 編. 2000.『生協は21世紀に生き残れるのか』. 大月書店.

中嶋紀一. 2000.「世紀的転換期における農法の解体・独占・再生」. ≪農業経済研究≫, 第7巻 第2号.

_____. 2004.『食べものと農業はおカネだけでは測れない』. コモンズ.

中嶋信. 2007.『新しい"公共"をつくる』. 自治体研究社.

中嶋信・神田建策 編. 2004.『地域農業もうひとつの未来』. 自治体研究社.

永田恵十郎 編著. 1988.『地域資源の国民的利用』. 農山漁村文化協会.

中村陽一・21世紀コープ研究センター 編著. 2004.『21世紀型生協論』. 日本評論社.

西村一郎. 2005.『雇われないではたらくワーカーズという働き方』. コープ出版.

二宮厚美. 2002.『日本経済の危機と新福祉国家への道』. 新日本出版社.

_____. 2005.『発達保障と教育・福祉労働』. 全障研出版部.

_____. 2004.『コミュニケーションと福祉労働』. 佛教大学通信教育部.

根岸久子. 2002.「女性及び高齢者の"農"を含めた仕事起こし」. 農林中金総合研究所 編.『協同で再生する地域と暮らし』. 日本経済評論社.

野村秀和 編. 1992.『生協21世紀への挑戦』. 大月書店.

橋本吉広. 2006.『介護保険下での協同組合による高齢者福祉事業の展開に関する一考察』. 学位論文.

広松伝 編著. 1990.『地域が動きだすとき』. 農山漁村文化協会.

藤居敦史.「生活協同組合の地域への開放」. 中村陽一・21世紀コープ研究センター 編著.『21世紀型生協論』. 日本評論社.

保母武彦. 1996.『内発的発展論と日本の農山村』. 岩波書店.

保母武彦監修. 2002.『小さくても元気な自治体』. 自治体研究社.

増田佳昭. 1997.「農業構造の変動とJA水田営農事業方式転換の課題」.『新たな米生産・販売環境下の水田営農組織』. JA兵庫中央会.

_____. 1998.「農協運動の日本的特質とその変容」. ≪協同組合研究≫, 第17巻 第3号, 日本協同組合学会.

宮本憲一. 2000.『日本社会の可能性』. 岩波書店.

村田武 編. 2004.『再編下の世界農業市場』. 筑波書房.

毛利敬典. 2005.「組織風土とマネジメントの視点から共同購入を考える」. くらし
と協同の研究所 編.『進化する共同購入』. コープ出版.

守友祐一. 1991.『内発的発展の道』. 農山漁村文化協会.

_____. 2000.「地域農業の再構成と内発的発展論」. ≪農業経済研究≫. 第72巻 第
2号.

山崎敏輝. 2001.『まちづくりは国づくり』. 同時代社.

若林靖永. 1999.「非営利・協同組織のマーケティング」. 角瀬保雄・川口清史 編
著.『非営利・協同組織の経営』. ミネルヴァ書房.

_____. 2003.『顧客志向のマス・マーケティング』. 同文舘出版.

鷲田清一. 1999.『「聴く」ことの力』. 阪急コミュニケーションズ.

Borzaga, Carlo and Jacques Defourny. 2001. *The Emergence of Social Enterprise*.
Routledge. [C・ボルザガ/ J・ドゥフルニ(編). 2004.『社会的企業』. 内山哲
郎・石塚秀雄・柳沢敏勝 訳. 日本経済評論社.]

Pestoff, Victor A. 1991. *Between Markets and Politics: Co-operatives in Sweden*. [ビク
ター・A・ペストフ. 1996.『市場と政治の間で』. 藤田暁男・田中秀樹・的場
信樹・松尾匡 訳. 晃洋書房.]

_____. 1998. *Between Markets and State: Social enterprises and civil democracy in a welfare
society*. Ashgate. [ビクター・A・ペストフ. 2000.『福祉社会と市民民主主義:
協同組合と社会的企業の役割』. 藤田暁男・川口清史・石塚秀雄・北島健一・
的場信樹 訳. 日本経済評論社.]

Pearce, John. 1984. *Running Your Own Co-operative: A Guide to the Setting up of Worker
and Community Owned Enterprise*. The Kogan Page Ltd.

『二〇〇六春闘準備のための生活実態アンケート』. 生協労連, 2006.

「いきいきいわみ」通常総会議案書(第1~15回).

現代生協研究会. 2004.『現段階の生協事業と生協運動』. くらしと協同の研究所.

現代農業.「スローフードな日本! 地産地消・食の地元学」.『農山漁村文化協会,
2002年11月増刊号』.

≪協う≫, 第59号, くらしと協同の研究所. 2000.

共立社第二七回通常総代会議案書, 2006.

『現代日本生協運動史上・下巻』. 日本生活協同組合連合会, 2002.

「社会的経済」促進プロジェクト/編. 2003.『社会的経済の促進に向けて』. 同時代社.

『社会運動』二七七・二八九, 市民セクター政策機構, 2003・2004.

庄内まちづくり協同組合「虹」議案書, 第1回・2回, 2004年度, 2005年度.

生活クラブ生協・東京.『第三次長期計画(2000~04年)』,『第四次長期計画(2005~09年)』,『第三七回通常総代会議案書, 2003年』.

生協しまね通常総代会議案書, 第1~22回.

とちぎコープ第一七回通常総代会議案書, 2005年度.

日生協.『2004年度・2005年度福祉・助け合い活動調査報告』, 2005年度, 2006年度.

_____.『2004年度・2005年度生協の経営統計』, 2005年度, 2006年度.

日本農村生活研究会東北支部 編. 1991.『まちとむらとの生き生きコミュニケーション』. 筑波書房.

日本有機農業学会 編. 2001.『有機農業―21世紀の課題と可能性』. コモンズ.

ワーカーズ・コレクティブ「轍」・大泉.『通常総会議案書(第1~22回)』.

「轍グループ」第2次長期計画, 2002.

島根県邑智群石見町誌『上・下巻』, 1972.

石見町総合振興計画(1次・2次・3次・4次, 1971・1981・1989・2001年策定).

石見町町勢要覧.

石見町.『石見町老人保健福祉計画・介護保険事業計画』, 2000.

いま『協同を問う'98全国集会報告集』. 協同総合研究所, 1998.

1999・ひろしま「地域と協同」集会報告集.

2000・ひろしま「地域と協同」集会報告集.

2001・ひろしま「地域と協同」集会報告集.

미주

서장

1   田中夏子,『イタリア社会的経済の地域展開』(日本経済評論社, 2004). 다나카는 이 책에서 이탈리아의 사회적 협동조합(새로운 협동조합)은 '새로운 삶의 어려움'을 둘러싸고 형성되었다고 말한다. 그는 '새로운 삶의 어려움'은 시장이 글로벌화되는 상황에서 복지국가가 해체·재편됨으로써 자치단체의 복지 서비스가 대폭 후퇴하면서 발생한다고 지적한다. 이 과정에서 내팽개쳐진 개인이 의지하는 친밀한 공간 (가족, 동료)이나 공공 공간(지역사회나 결사체)이 크게 변해 장애인 등의 당사자가 직면한 어려움(거북함, 주거 박탈)이 새롭게 등장한다고 설명한다.

2   해외에서는 '새로운 삶의 어려움'을 배경으로 이탈리아의 사회적 협동조합, 영국의 커뮤니티협동조합 등 '새로운 협동조합'이 생겨났고 그 정의도 명확하다. 그러나 일본은 '새로운 협동조합'에 관한 법 정비도 미비하며, 정의 역시 정리되지 않은 실정이다. 다나카 히데키는 '새로운 협동조합'의 정의와 관련해 "시대적 배경(삶의 어려움 = 시장원리주의적인 복지국가의 해체 단계)으로 나타난 새로운 협동은 NPO 법인과 협동조합법인 등의 형태를 띠는데, 이들은 사업을 전개하면서 법인격을 취득하고 있다"라고 정리하고, 이러한 새로운 협동조직을 '새로운 협동·협동조합'이라고 총칭한다. 이 책에서는 다나카의 주장을 참고해 해외의 사례는 새로운 협동조합, 일본의 사례는 '새로운 협동조합' 또는 '새로운 협동·협동조합'으로 표기한다.

제1장

1   兼子厚之,「日本の生協の現状とその発展要因」, 生協総合研究所 編,『協同組合の新世紀』(コープ出版, 1992); 川口清史,「日本生協運動の発展モデル」, 生協総合研究所 編,『協同組合の新世紀』(コープ出版, 1992); 栗本昭,「日本型生協の特質と現状, 変化のトレソド」, 現代生協論編集委員会·編,『現代生協論の探求〈現状分析編〉』(コープ出版, 2005).

2   田中秀樹, 『消費者の生協からの転換』(日本経済評論社, 1998).

3   데이터는 『現代日本生協運動史上・下巻』(日本生活協同組合連合会, 2002) 참조. 반(班) 공동구입은 반(그룹)공급(班配)을 가리키며, 개별공급(個配)은 반으로 배달하지 않고 조합원 개개인에게 배달하는 것으로 1990년대에 등장했다. 일본에서는 반공급과 개별공급을 포함해 무점포(사업)로 묶고 있다. 반면, 경상잉여금 등의 손익데이터는 반공급과 개별공급을 분류할 수 없어서 무점포(사업) 또는 공동구입(사업)으로 묶고 있다.

4   毛利敬典, 「組織風土とマネジメソトの視点から共同購入を考える」, くらしと協同の研究所 編, 『進化する共同購入』(コープ出版, 2005), pp.110~111.

5   的場信樹, 「"進化する共同購入", このタィトルが意味するもの」, くらしと協同の研究所 編, 『進化する共同購入』(コープ出版, 2005), p.14.

6   川口清史, 「進化する共同購入―持続可能な生協めざして」, くらしと協同の研究所 編, 『進化する共同購入』(コープ出版, 2005), pp.17~49.

7   二宮厚美, 『コミュニケーションと福祉労動』. 니노미야는 커뮤니케이션 노동의 전형을 복지노동으로 보고 다음과 같이 정리하고 있다. "복지노동은 상대가 물건이 아닌 인간이기 때문에 커뮤니케이션이 중요하다. 커뮤니케이션을 촉진하기 위해서는 공급자의 커뮤니케이션 능력을 높이는 것이 중요하다. 커뮤니케이션 능력을 계속적으로 높여주는 것은 공급자의 전문성을 높이고, 상대의 기쁨과 인간적인 여러 기능의 발휘를 촉진하며, 공급자는 일에 대한 보람과 긍지를 느끼는 것으로 연결된다."

8   二宮厚美, 『コミュニケーションと福祉労動』(佛教大学通信教育部, 2004), p.28; 니노미야는 복지노동을 통해 커뮤니케이션 능력을 높인다는 것은, ① 서비스를 제공받는 사람의 상태를 정확하게, 그리고 과학적으로 파악하여, ② 복지 서비스를 제공과 관련한 가치 판단이나 규칙에 익숙해지고, ③ 친절과 배려를 바탕으로 상대의 입장에서, 더 적절하게 상대가 이해할 수 있도록 표현할 수 있는 것이라고 설명한다.

9   田中秀樹, 『消費者の生協からの転換』(日本経済評論社, 1998), pp.vii~viii.

10 Victor A. Pestoff, *Between Markets and Politics: Co-operatives in Sweden*(1991). [ビクター・A・ペストフ, 『市場の政治の間で』, 藤田暁男・田中秀樹・的場信樹・松尾匡

訳(晃洋書房, 1996), pp.132~137].

11   二宮厚美, 『コミュニケーションと福祉労動』. 니노미야는 커뮤니케이션 노동이 상
      대의 기쁨을 주고 다양한 인간적 면모를 촉진하여 직원이 일에 대한 보람과 긍지를
      느끼게 한다고 말한다.

12   '수다'를 중심으로 하는 활동은 나가사키(長崎)의 라라코프에서도 볼 수 있다. 2006
      년 라라파티(산지직거래 상품을 활용한 요리 파티 ― 옮긴이 주)의 개최 상황을 보
      면, 8973곳에서 5만 1877명(그중 비조합원 5333명)이 참가했고 조합원 수 대비 연
      참가자 수 비율은 30%였다. 이 수다 파티는 지금까지와는 전혀 다른 새로운 활동
      이라는 점에서 하마오카 마사코(浜岡政子)가 말한 '시민적 발명'이라고 할 수 있다.
      나아가 사람과 사람을 연결하여 조합원이 주체적으로 생협의 장을 살리고 지역 만
      들기를 지향하는 활동이다(모리 다카노리). 참고로 라라코프의 2006년도 경영 실
      적은 공급액 210억 3400만 엔(전년비 101.2%), 경상잉여금 3억 9000만 엔(전년비
      145.6%)로 수익이 증가했다. 2007년 3월 말, 조합원 수는 17만 13명이다.

13   鈴木文熹, 「競争社会とは異なるもうひとつの社会を求めて」, 南信州地域問題研究
      所 編, 『国づくりを展望した地域づくり』(やどかり出版, 2004). 스즈키는 지역 만들
      기에 대해 "인간과 인간의 관계, 인간과 자연의 관계를 만드는 것이 지역 만들기의
      근본"이라고 말한다. 그런가 하면 다나카 히데키는 지역 만들기를 "협동으로 가득한
      지역을 만드는 것"이라고 정의한다「地域づくりと産直市」(広島県協同組合学校,
      2007)].

14   비슷한 사고방식으로 가와구치 기요시(川口清史)의 의견을 참고할 만하다. 가와구
      치는 구매생협의 현 단계를 제2의 창업기로 보고[≪協う≫, 第96号(くらしと協同
      の研究所, 2006)], 다음과 같이 주장한다. "복지 사업을 생협이 수행하는 것은 지역
      이 안고 있는 가장 절실한 요구에 답하고 있다는 것을 의미한다. 그리고 생협은 복
      지 사업을 통해 생협에 대한 신뢰(social · capital)를 심화, 확대하고 있다. 동시에
      복지 사업은 그 자체가 사회성을 갖기 때문에 생협은 지자체와 지역사회 전체에 대
      해 열린 조직으로서 사회와의 새로운 접점을 넓힌다."

15   中川雄一郎, 「グローバリゼーションとコミュニティ協同組合」, 農林中金総合研究
      所 編, 『協同で再生する地域と暮らし』(日本経済評論社, 2002).

16   中川雄一郎, 「グローバリゼーションとコミュニティ協同組合」, p.198. 나카가와

는 새로운 협동조합 운동의 발전에 대해 핀란드 협동조합연합 페레르보 하비스토 회장의 주장을 인용하고 있다.

17 中川雄一郎,「グローバリゼーションとコミュニティ協同組合」; 中川雄一郎,『社会的企業とコミュニティの再生』(大月書店, 2005); 田中夏子,『イタリア社会的経済の地域展開』(日本経済評論社, 2004); 田中夏子,「イタリアの社会的経済と, 市場及び自治体との相互作用について」, 農林中金総合研究所 編,『協同で再生する地域の暮らし』(日本経済評論社, 2002).

18 John Pearce, *Running Your Own Co-operative: A Guide to the Setting up of Worker and Community Owned Enterprise*(The Kogan Page Ltd., 1984), pp.17~18.

19 中川雄一郎,「グローバリゼーションとコミュニティ協同組合」, p.197.

20 田中夏子,「イタリアの社会的経済と, 市場及び自治体との相互作用について」, p.240.

21 다음의 연구를 참고하여 정리했다. 田中夏子,「イタリアの社会的経済と, 市場及び自治体との相互作用について」; 中川雄一郎,「グローバリゼーションとコミュニティ協同組合」, 農林中金総合研究所 編,『協同で再生する地域と暮らし』(日本経済評論社, 2002); 鈴木勉,「福祉の共同性と協同組合の福祉事業」, ≪協う≫, 第95号(くらしと協同の研究所, 2006).

22 根岸久子,「女性及び高齢者の"農"を含めた仕事起こし」, 農林中金総合研究所 編,『協同で再生する地域の暮らし』(日本経済評論社, 2002), p.78.

23 中川雄一郎,『社会的企業のコミュニティの再生』(大月書店, 2005), p.198.

24 下山保,「見えてきた21世紀型生協」, 中村陽一+21世紀コープ研究センター 編著,『21世紀型生協論』(日本評論社, 2004), p.301.

25 수도권생협그룹의 '새로운 협동조합'에 대한 사고방식은, 唐笠一雄,「首都圏コープグループがめざす '21世紀型生協'」, 中村陽一+21世紀コープ研究センター 編著,『21世紀型生協論』(日本評論社, 2004), pp.251~259에 정리되어 있다. 가라카사(唐笠一雄)는 수도권생협그룹이 목표로 하는 21세기형 생협은 이탈리아의 사회적 협동조합을 참조한 '새로운 협동조합'이라고 보고 있다.

26 나카무라 요이치(中村陽一)는 '새로운 협동조합'을 '시민형 생협'이라고 표현한다.

27 中村陽一, 「はじめに」, 中村陽一+21世紀コープ研究センター 編著, 『21世紀型生協論』(日本評論社, 2004), p. vi.

28 藤井敦史, 「生活協同組合の地域への開放」, 中村陽一+21世紀コープ研究センター 編著, 『21世紀型生協論』(日本評論社, 2004), pp.122~123.

29 増田佳昭, 「農協運動の日本的特質とその変容」, ≪協同組合研究≫, 第17巻 第3号 (日本協同組合学会, 1998), p.10.

30 増田佳昭, 「農業構造の変動とJA水田営農事業方式転換の課題」, 『新たな米生産・販売環境下の水田営農組織』(JA兵庫中央会, 1997), pp.93~94.

31 田中秀樹, 「生活主体形成と生協運動」, 現代生協論編集委員会・編, 『現代生協論の探究〈理論編〉』(コープ出版, 2006), p.104.

32 ≪協う≫, 第59号(くらしと協同の研究所, 2000), p.5.

제2장

1 현재의 오난 마을은 2004년 10월 1일 예전의 하스미무라(旧羽須美村)・미즈호(瑞穂)・이와미 마을이 합병하여 탄생했다. 이 장에서 거론한 이와미 마을의 이키이키이와미는 행정구역 합병 후에도 구 하스미무라나 미즈호 마을에서는 활동하지 않고, 예전 이와미 마을에서만 활동하고 있어 이와미 마을 그대로 표기했다.

2 이키이키이와미에 대해서는 다음의 선행연구를 참고했다. 鈴木文熹, 「住民発の福祉と有機農業が結合して網の目に」, ≪南信州地域問題研究所ニュース≫, No.77 (2000); 田中秀樹, 「現代消費社会と新しい協同運動」, 中川雄一郎 編, 『生協は21世紀に生き残れるのか』(大月書店, 2000); 鵜殿崇徳, 「地域づくりの現段階と協同組織」(広島大学碩士論文, 1999).

3 당시 농협의 생활지도원이었던 데라모토 게이코(寺本惠子)는 후레아이 농원을 지원하면서 '인간 존엄의 관점'의 중요성을 느꼈다. 데라모토는 지역에 이를 알리는 데 힘을 쏟았다.

4   永田恵十郎 編著, 『地域資源の国民的利用』(農山漁村文化協会, 1988), p.316.

5   鈴木文熹, 「競争社会とは異なるもうひとつの社会を求めて」, 南信州地域問題研究所 編, 『国づくりを展望した地域づくり』(やどかり出版, 2004).

6   石毛鍈子, 『福祉のまちを歩く』(岩波書店, 1997).

7   佐藤慶幸, 「NPOと市民社会」(有斐閣, 2002), p.134.

8   中川雄一郎, 「グローバリゼーションとコミュニティ協同組合」, p.195.

9   中川雄一郎, 「グローバリゼーションとコミュニティ協同組合」, p.197.

10 田中夏子, 「イタリアの社会的経済と, 市場及び自治体との相互作用について」, 農林中金総合研究所 編, 『協同で再生する地域の暮らし』(日本経済評論社, 2002), p.240.

제3장

1   전국 평균은 日生協『2004年度生協の経営統計』참조.

2   Victor A. Pestoff, *Between Markets and State: Social enterprises and civil democracy in a welfare society*(1998). [ビクター・A・ペストフ, 『福祉社会と市民民主主義一協同組合と社会的企業の役割』, 藤田暁男, 川口清史, 石塚秀樹, 北島健一, 的場信樹 訳(日本経済評論社, 2000), pp.108~110].

3   中村陽一, 「21世紀社会デザインなかでの生協」, 中村陽一+21世紀コープ研究センター 編著, 『21世紀型生協論』(日本評論社, 2004), p.8.

4   Victor A. Pestoff, *Between Markets and Politics: Co-operatives in Sweden*(1991). [ビクター・A・ペストフ, 『市場の政治の間で』, 藤田暁男・田中秀樹・的場信樹・松尾匡 訳(晃洋書房, 1996), p.133].

5   阿部志郎, 『福祉の哲学』(誠信書房, 1997).

제4장

1   Carlo Borzaga and Jacques Defourny, *The Emergence of Social Enterprise*(2001). [C ·
    ボルザガ, J · ドゥフルニ 編, 『社会的企業』, 内山哲郎 · 石塚秀樹 · 柳択敏勝 訳(日
    本経済評論社, 2004), p.8].

2   다른 장에서 개별공급을 '個配'로 표기하나, 생활클럽에서는 '戸配'라는 표현을 사
    용하므로 생활클럽에 관한 문장에서는 '戸配'라고 표기한다(한국어판에서는 모두
    개별공급으로 번역한다 ― 옮긴이 주).

3   西村一郎, 『雇われないではたらくワーカーズという働き方』(コープ出版, 2005).

4   毛利敬典, 「組織風土とマネジメントの視点から共同購入を考える」, くらしと協
    同の研究所 編, 『進化する共同購入』(コープ出版, 2005), p.112.

제5장

1   구매생협의 사업연합은 1986년 9월 도치기(栃木), 군마(群馬), 이바라키(茨城)의
    생협이 만든 기타간토(北関東)협동센터를 시작으로, 2005년에 사업 통합이 이루어
    진 홋카이도를 포함하여 사업연합을 축으로 한 지역별 연대구조가 전국적으로 확
    립되었다.

2   大高研道, 「協働による地域の自律」, 中嶋信 · 神田健策 編, 『地域農業もうひとつ
    の未来』(自治体研究社, 2004), pp.161~164.

3   佐藤日出夫, 「共立社鶴岡生協の提携活動」, 渡邊睦 編著, 『中小業者の協同組合』
    (新評論, 1985), pp.277~279.

4   佐藤日出夫 · 美土路達夫, 『ここに虹の旗を 鶴岡生協と住民運動 ― I』(民衆社, 1981),
    p.303.

5   『共立社のあゆみ, いも, これから』(生活協同組合共立社, 2002), p.19.

6   大窪一志, 『日本型生協の組織像』(コープ出版, 1994), p.273.

7   佐藤日出夫 · 美土路達夫, 『ここに虹の旗を 鶴岡生協と住民運動 ― I』(民衆社, 1981),
    pp.212~213.

제6장

1   田中夏子, 「イタリアの社会的経済と, 市場及び自治体との相互作用について」, 農林中 金総合研究所 編, 『協同で再生する地域の暮らし』(日本経済評論社, 2002), p.239.

2   전국의 생활서로돕기모임에 대해 간략하게 살펴보자. 2005년 생활서로돕기모임, 워커즈 등은 73개 생협에서 총 103만 시간 활동했고, 활동 시간을 분야별 비중으로 나누어보면 고령자 지원 49%, 육아 21%, 장애인 지원 7%, 그 외 23%이다. 좀 더 자 세히 살펴보면, 73개 생협 중 생활서로돕기모임은 64개 생협에서 총 45만 8839시 간을 활동했다(〈그림 6-1〉 참고). 다른 워커즈나 NPO법인 등에서 생협과 연대하 는 가사돌봄 조직이 있는데, 열 개 단체로 구성되어 있고 총 57만 2425시간을 활동 했다. 생활서로돕기모임과 비교해 단체당 활동 시간이 현저하게 높은 편이다(참고 로 생활서로돕기모임 한 단체의 활동시간은 7169시간이며, 워커즈 및 기타 단체는 5만 7242시간이다).

3   生活クラブ生協・東京, 『第四次長期計劃(2005~09年)』.

4   大窪一志, 『日本型生協の組織像』(コープ出版, 1994), p.273.

5   Carlo Borzaga and Jacques Defourny, *The Emergence of Social Enterprise*. [C・ボルザ ガ, J・ドゥフルニ 編, 『社会的企業』, 内山哲郎, 石塚秀樹, 柳択敏勝 訳(日本経済 評論会, 2004), p.8].

6   田中秀樹, 「生協運動の現段階と新しい生協像の模索」, 『社会運動303』, (市民セク ター政策機構, 2005).

맺음말

1   65세 이상의 고령자가 주민의 반절이 넘는 마을을 '한계 마을'이라고 부른다. 현재 한계 마을은 전국적으로 7800곳을 넘겼으며(국토교통성, 2006), 그중 2600곳은 소 멸 위기에 있다고 본다. 실제 7년간 200곳의 마을이 없어졌다.

2   内橋克人, 『浪費なき成長』(光文社, 2004).

3   中嶋信, 『新しい"公共"をつくる』(自治体研究社, 2007).

지은이 | 오카무라 노부히데(岡村信秀)

현재 히로시마 현 생활협동조합연합회 회장이사이다. 1948년 후쿠오카 현 오무타(大牟田) 시 출생이며, 교토에 위치한 도시샤 대학(同志社大學)의 상학부(商學部)를 졸업했다. 졸업 후 다이와증권(大和證券)을 거쳐, 1975년 히로시마 현 부인생활협동조합(현 생활협동조합 히로시마)에 입사했다. 1979년 전무이사로 승진한 후 19년간 근무했다. 1998년 5월 히로시마 현 생활협동조합연합회 전무이사로 취임한 후 2012년 9월부터 현직을 맡았다. 일생을 생협 운동에 기여한 공로가 인정되어 2003년에는 히로시마 현 지사 표창, 2013년에는 후생노동성 장관 표창을 수상했다. 왕성한 활동을 하면서도 연구를 게을리 하지 않아 2002년에 히로시마대학 대학원 석사과정에 입학하여 2007년에 박사학위를 취득했다. 지은 책으로『廣島縣生協運動史』(2003),『生協と地域コミュニティ』(2008)가 있다.

옮긴이 | 충남발전연구원

충남발전연구원은 지역 공익 정책연구기관으로, 지역 및 도시계획, 환경·생태, 산업·지역경제, 행정·복지, 문화·공공디자인 분야 등 다양한 행정 수요 변화에 적절한 대처 방안을 연구하기 위해 1995년 설립된 충청남도 산하 연구기관이다. 충청남도의 지역 발전을 선도하는 싱크 탱크(Think Tank)로서 충청남도와 열다섯 개 시·군이 전국에서 가장 우수한 행정을 펼칠 수 있도록 능동적으로 정책 과제를 발굴하고 창의적인 연구를 수행한다.
『생활협동조합과 커뮤니티: 협동의 네트워크』의 번역 및 발간은 충남사회적경제지원센터가 담당했다. 충남사회적경제지원센터는 사회적 기업, 마을기업, 협동조합 등 충청남도 사회적 경제 영역의 연구·조사 및 정책 개발, 교육·홍보, 네트워크 구축을 수행하고 있는 충남발전연구원의 부설 조직이다.

한울아카데미 1749

생활협동조합과 커뮤니티
협동의 네트워크

지은이 | 오카무라 노부히데
옮긴이 | 충남발전연구원
펴낸이 | 김종수
펴낸곳 | 도서출판 한울

편집책임 | 이수동
편집 | 서성진

초판 1쇄 인쇄 | 2014년 12월 30일
초판 1쇄 발행 | 2015년 1월 9일

주소 | 413-120 경기도 파주시 광인사길 153 한울시소빌딩 3층
전화 | 031-955-0655
팩스 | 031-955-0656
홈페이지 | www.hanulbooks.co.kr
등록번호 | 제406-2003-000051호

Printed in Korea
ISBN 978-89-460-5749-4 93330(양장)
        978-89-460-4931-4 93330(반양장)

* 책값은 겉표지에 표시되어 있습니다.